永不停歇的思辨之光

对话古代先贤

下卷

高洪雷 著
陈菲菲 绘
吴毅强 魏健鹏 审

小猛犸童书

電子工業出版社
Publishing House of Electronics Industry
北京·BEIJING

图书在版编目（CIP）数据

永不停歇的思辨之光：对话古代先贤：上下卷 / 高洪雷著；陈菲菲绘. -- 北京：电子工业出版社，2025. 8. -- ISBN 978-7-121-37895-9

Ⅰ. K203-49

中国国家版本馆CIP数据核字第2025FD3949号

责任编辑：翟夏月
印　　刷：北京尚唐印刷包装有限公司
装　　订：北京尚唐印刷包装有限公司
出版发行：电子工业出版社
　　　　　北京市海淀区万寿路173信箱　邮编：100036
开　　本：787×1092　1/16　　印张：25.5　　字数：526.5千字
版　　次：2025年8月第1版
印　　次：2025年8月第1次印刷
定　　价：188.00元（全2册）

凡所购买电子工业出版社图书有缺损问题，请向购买书店调换。若书店售缺，请与本社发行部联系，联系及邮购电话：（010）88254888，88258888。

质量投诉请发邮件至zlts@phei.com.cn，盗版侵权举报请发邮件至dbqq@phei.com.cn。

本书咨询联系方式：（010）88254161转1821，zhaixy@phei.com.cn。

前言

今天的人类文明由世界级文明塑造。这些世界级文明包括两河流域文明、古埃及文明、古印度文明、中华文明、波斯文明和古希腊罗马文明等。在这些文明中，中华文明极其独特——文明的连续性和生物的连续性同时并存。也就是说，我们的文化和我们的人种一直是连续的。同一片土地，同一群人，同样的文化内核。可以设想，先秦诸子来到今天，除开器物和政治制度的变化，在审美和人生境界方面，他们依然会有一些亲切的感觉。

几千年过去了，古人的思辨智慧通过世世代代的社会生活延续下来，又通过文化典籍记载下来。我们的日常生活和我们的思考，依然有他们的影子。古人既是我们生物基因的源头，也是我们文化基因的源头。

在今天，重新阅读古代典籍，学习来自源头的教诲，这里面既有血缘的亲切感，更有思考模式的亲近感。他们是过去的我们，我们是现在的他们。时代在变化，科技在进步，跟身体和器物相关的物质现象日新月异，然而精神气质方面的近似让我们明白，越是接近和理解古人的所思所想，我们越能走向未来。

古人的智慧记载于古代典籍里，阅读这些古代典籍的精华之处，学习他们面对人群冲突和环境挑战的策略，将有助于我们更好地建设人类命运共同体和人与自然和谐共生的共同体。

我们的祖先和我们在一起。我们一直是同一群人。

武汉大学哲学学院教授、博士生导师
武汉大学珞珈特聘教授　苏德超

目录

禅让制

禅让，是上古时期一种非血亲的权力继承制度，它实行于三皇五帝时期。在那个时期，人们把将帝位或者权力传与他人的这种行为称为“禅让”。

昔在帝堯，聰明文思，光宅天下。將遜于位，讓于虞舜，作《堯典》。

尧舜禅让

在远古时代，华夏大地上，尧帝以其仁德治理天下，使得四海之内和谐安宁。尧帝年迈之时，思考继承人的问题，他的大儿子丹朱性格放荡，不适合继承大位。于是，尧帝开始寻找合适的继承人。

在众多候选人中，尧帝听闻了一个名叫舜的贤者。舜，虽出身贫寒，却有着卓越的德行和智慧。他的父亲瞽叟对他十分刻薄，继母和弟弟对他百般刁难，但舜始终以孝顺和宽容对待他们。尧帝被舜的品德所感动，决定考验考验他。

尧帝先是将自己的两个女儿娥皇和女英嫁给舜，观察他的为人。娥皇、女英嫁过去后发现，舜并不计较父母和弟弟对自己的迫害，仍然对父母孝顺，对弟弟友爱。接着，尧帝又让舜参与国事，舜以其智慧和公正赢得了百官和民众的敬仰。

经过长时间的观察，尧帝深信舜是治理天下的最佳人选。于是，在一次隆重的仪式上，尧帝将帝位禅让给了舜，这是华夏历史上第一次禅让。

舜继位后，继续推行尧帝的仁政，使得天下更加繁荣昌盛。他任用贤能，改革政治，使得国家治理更加完善。舜在位期间，还特别重视水利工程，提高了农业生产效率，增强了国家的实力。然而，舜并未忘记自己的家庭。尽管遭受了父亲和弟弟的种种陷害，舜始终不计前嫌。他用自己的行为，展现了一位君主的宽容和大度。

舜晚年也考虑到自己的继承人问题，他没有选择自己的亲属，而是选择了大禹——一个在治水方面有着卓越贡献的贤者。舜的这一决定，再次体现了禅让制的精神——以德治国，以贤继位。

五帝：指中国上古时期五位圣明的君主，五帝有很多种说法，其中《尚书》中提到的五帝是少昊、颛顼、帝喾（kù）、尧、舜。

原文

正月上日，受终于文祖。在璇玑玉衡，以齐七政。肆类于上帝，禋于六宗，望于山川，遍于群神。辑五瑞，既月乃日，觐四岳群牧，班瑞于群后。

——《尚书·尧典》

译文

正月初一，在尧的太庙举行了盛大的禅位典礼，舜代尧接受了天子大命。舜继位后，恭敬地考察了北斗七星运行的规律。接着，祭天大典举行，将继位的事情禀告上天，之后又精心诚意地祭祀天地四时，祭祀山川和群神。随后收集了诸侯的信圭，择定吉月吉日，召见四方诸侯，举行了盛大的典礼，将信圭颁发给他们。

哲思一问

中国历史上的禅让制为什么不能长期实行呢？

《尚书》

“尚”的意思是“上”,《尚书》就是“上古时代的书”，它是中国最早的一部历史文献汇编。

相传，这本书的编者是孔子。但我们今天看到的《尚书》，有些篇目是后来的儒家补充进去的。这本书一直被视为古代社会的政治哲学经典，既是帝王的教科书，又是贵族子弟和士大夫的必修书。

本书编入的，是虞、夏、商、周各代的典、谟、训、诰、誓、命等文献。“典”是关于重要历史的记载；“谟”是君臣谋略；“训”是大臣开导君主的话；“诰”是勉励的文告；“誓”是君主训诫万民的誓词；“命”是君主的命令。还有记录人物与事件的，如《尧典》是尧治理天下和选拔接班人的记录，《禹贡》是大禹治水的记录。“无稽之言”“克勤于邦，克俭于家”“有条不紊”“功亏一篑”“以公灭私”等名言警句也出自这本书。

禅让制

禪：禅指祭天，封指祭地。封和禅两字对举，

在中国远古时期，有一些部落联盟首领，心甘情愿地把首领位置传给了儿子以外的人。这种制度，叫“禅让制”。“禅”是在祖宗面前公开推荐，“让”是让出帝位。

在这之前，一般是按照“血统继位制”，在本部落内选拔接班人。如伏羲姓风，他死后把首领位置传给了同姓的女娲；如黄帝姓姬，他死后把首领位置传给了同姓的颛顼；颛顼死后，又让同姓的帝喾接了班；帝喾死后，首领的位置传给了黄帝后代十一姓之一的祁姓的尧。

而“禅让制”，诞生在“公天下”的时代，那时的部落联盟首领一心为公，把天下利益放在第一位，没有“任人唯亲”——把位置让给自己的儿子或兄弟，而是“任人唯贤”——按照品行和能力来选拔接班人，把首领位置让给了不同血统的贤能之人。据历史记载，最早采取“禅让制”的是尧，他主动让位给了姚姓的舜。后来，舜又让位给了姒姓的大禹。

但大禹死后，帝位被大禹的儿子启所霸占。启死后，又把帝位传给了自己的儿子。“禅让制”从此被“世袭制”所代替。

国宝小档案

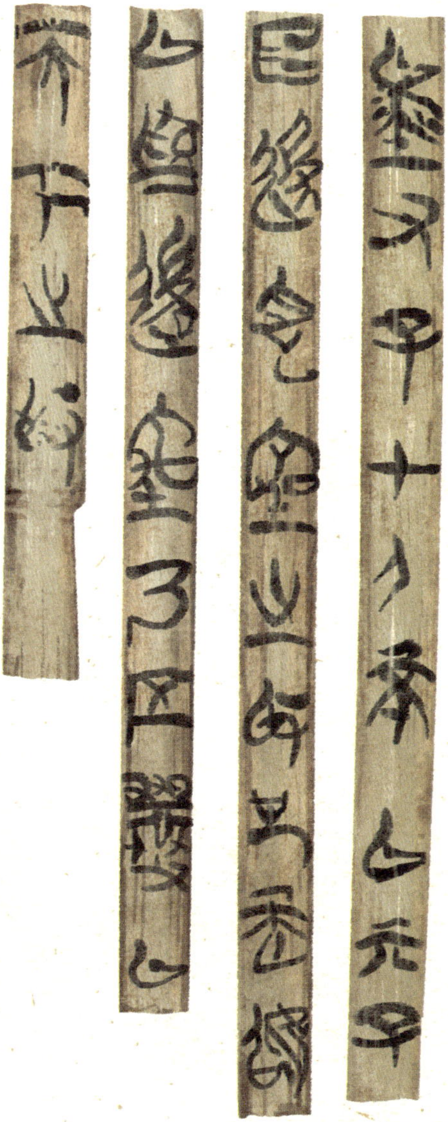

名　　称	战国楚竹书《容成氏》
所属年代	战国
所属博物馆	上海博物馆
出土地点	出土时间和地点已无从确认。虽传闻来自湖北，但无确证。
文物综述	战国楚竹书《容成氏》是一篇深入探讨禅让制的儒家文献。在这些珍贵的竹简上，儒家智者对理想的政治秩序进行了精妙的阐述，提出了通过德行和能力而非血缘来确定领导者的观点。这件文物的发现，不仅为我们提供了了解古代中国政治哲学的新视角，也为探讨禅让制与世袭制的优劣提供了宝贵的历史资料。

世袭制

世袭制的核心在于血缘关系，权力、财富和地位的传承取决于血脉联系，而非个人的能力和成就，这种继承制度在皇权和贵族品阶继承中表现得尤为明显。

子凭母贵

春秋初年，诸侯国之间常常实行政治联姻。鲁惠公娶了宋武公的大女儿孟子，作为正室夫人。孟子还没来得及生下一男半女，就得病死了。于是，鲁惠公就和陪嫁来的声子生下了鲁隐公。

宋武公的二女儿，名叫仲子。她一生下来，小手掌里就有纹路，仔细一看，原来是“为鲁夫人”几个字。既然上天注定了这段姻缘，那么仲子又被嫁到鲁国，接替死去的姐姐的位置，成了鲁惠公的正室夫人，生下了鲁桓公。后来，鲁惠公死了，大夫们拥戴鲁隐公为国君。

但鲁隐公预备治理好国家，等鲁桓公长大了，再把权力还给鲁桓公。为什么鲁隐公将来要还政于鲁桓公？因为按照古代世袭制度，鲁桓公尽管年龄小但地位尊贵，他是国君的正室夫人所生的大儿子，是嫡长子，是第一顺序继承人；而鲁隐公尽管年龄大但地位卑下，他是陪嫁的媵妾所生的儿子，并不是第一顺序继承人。

然而，他们之间地位的差别是很小的，鲁国没人知道。鲁隐公之所以没有推辞大夫们的拥戴，是因为担心鲁桓公年龄小，大夫们不愿意辅佐幼小的鲁桓公。鲁隐公执政，正是为了鲁桓公将来即位，自己只是代理国君。鲁隐公的谥号“隐”，就表示他不想占据国君这个位置。

鲁隐公执政十一年，境内一片祥和，他始终没有篡夺鲁桓公政权的念头。然而，公元前711年，鲁桓公听信谗言，派人杀害了隐公。鲁桓公如愿以偿地当上了国君，但他的结局却实在窝囊，被自己的夫人文姜及其情夫灌醉，酒醉中被人折断了肋骨，客死在齐国。

原文

隐长又贤，诸大夫扳隐而立之。隐于是焉而辞立，则未知桓之将必得立也；且如桓立，则恐诸大夫之不能相幼君也。故凡隐之立，为桓立也。隐长又贤，何以不宜立？立適以长不以贤，立子以贵不以长。

——《公羊传·春王正月》

译文

隐公年长而贤能，众大夫攀附隐公而拥立他。隐公在这个时候要推辞就位，那就不知道桓公将来能不能即位了；如果桓公即位了，恐怕众大夫也不能辅佐他这个年幼的国君。所以隐公的即位，是为了桓公的即位。隐公年长而贤能，为什么不合适即位？立嫡子根据年长，不根据贤能；立嫡庶根据母亲的地位尊贵，不根据年长。

哲思一问

大家觉得在古代世袭制度有什么好处呢？

《公羊传》

春秋战国时期，是一个天下大乱的时代，也是一个知识爆炸的时代。当时不但出现了一群战神，还涌现了一批学者。教育家孔子整理完成的《春秋》，是中国最早的编年体史书，影响是巨大的。但由于这本书秉承“春秋笔法”，只是按照年代顺序记录了历史梗概，文字简略，因此相继出现了三部专门解释《春秋》的书，分别是《左传》《公羊传》《穀梁传》。这三部书就是有名的“春秋三传”。

其中的《公羊传》，又称《春秋公羊传》，相传作者是公羊高。公羊高，战国时期齐国人，他受教于孔子的弟子卜商（字子夏），一生专注于春秋史的研究，最终完成了这本有名的儒家经典。

世袭制

袭：袭原意是死者穿的衣襟在左边的内衣。组词承袭、袭职的时候，有继承的意思。

如果说“禅让制”是原始社会公有制的产物，那么“世袭制”则是奴隶社会私有制的产物。

大禹晚年，也按照禅让制，指定掌管刑法的皋陶作为自己的接班人，可惜皋陶比大禹死得还早。后来，他又选中了自己治水时的主要帮手伯益。此时的大禹不可能没有一点儿私心。因此，他一方面公开声称伯益是自己的接班人，另一方面又让儿子启协助自己治理国家。过了几年，启的权力越来越大，威望越来越高。大禹死后，启就宣布自己是夏朝第二代国君，把伯益降为大臣。从此，父死子继的“家天下”制度取代了任人唯贤的“公天下”制度，“世袭制”代替了“禅让制”。

“世袭制”，就是帝号、爵位以及财产，按照血统关系世代传承。世袭制的理论依据是宗法制度。按照宗法制度，国王是天下的大宗，王后所生的长子称嫡长子，也叫宗子、世子，是王位继承者；王妃所生的儿子称庶子，是小宗，国王封庶子为诸侯，或留在中央当卿、大夫。诸侯、卿大夫又各自是本支的大宗，他的嫡长子是职位与财产的继承者，他的庶子为小宗，再往下分封为士。

世袭制不以贤明为标准，而是以血缘为依据的。这种方式选到好皇帝的概率与抽彩票中大奖差不多。即便皇帝的儿子并不适合当皇帝，也要继承帝位，如晋惠帝司马衷；即便皇帝的儿子不学无术，也必须继承大统，如宋废帝刘子业。这种制度一直延续到大清灭亡。

国宝小档案

名　　称	世袭镇康州知州印
所属年代	清朝光绪年间
所属博物馆	云南省梁河县文物管理所
出土地点	具体出土地点不详
文物综述	世袭镇康州知州印，一枚见证历史变迁的官印，铜质，刻有汉字小篆与傣文，昭示着多民族融合的独特历史。这枚印章不仅是权力的象征，而且是文化交融的实证。根据印面上汉字小篆和傣文的字样，可以推证出此印是光绪皇帝颁发给镇康州土司的官印。印上的“世袭”是土司制度的重要特点，辖区内的政治权力、土地所有权甚至百姓的统治权都可以世袭继承。

分封制

武王灭商后，为了巩固统治，周王将天下的土地和人民分封给宗室和功臣，让他们与王室一起共掌天下。这些被分封的诸侯们忠于周王，并随时听候调遣。

推恩令

汉高祖刘邦建立汉朝后，试图接受秦朝灭亡的教训，重新捡起了被秦朝废除的“分封制”，分封了一批同姓王。结果，这些诸侯国面积广大，而且拥有军队，严重威胁着朝廷的中央集权。

削藩吧，肯定会引发各藩国的反抗，汉景帝正是因为采纳了晁错提出的“削藩令”，才导致吴王刘濞联合楚王刘戊、赵王刘遂等六个刘姓宗室诸侯王，发动“七国之乱”；不削藩呢，朝廷的权威就会大打折扣，任何皇帝都不可能听任藩国做大。怎么办？

其实，好办法都是被逼出来的。公元前127年，汉武帝采纳了大臣主父偃的建议，颁布了“推恩令”。推恩令规定藩王除让嫡长子继承王位外，可以推恩将自己的封地分给其他儿子，由皇帝定制封号。也就是说，在藩王进行权力交替时，推恩令是让藩王把权力和领土分为几个等份，然后分别分给几个儿子，形成直属于朝廷的新侯国。这样看起来是皇帝厚待他们，实际上却使每个封国的面积都化整为零，渐渐缩小，再也无法与朝廷相抗衡。

这个办法的精妙之处在于，朝廷并没有公开否定“分封制”，也没有“削藩”或“撤藩”，只是改变了传统分封制只让藩王的嫡长子原封不动地继承封号、领土和权力的做法，而是把这种继承权推恩到了藩王的其他儿子。

这样一来，藩王根本无法拒绝，因为手心手背都是肉，他不能无视其他儿子的利益和感受；藩王的嫡长子也无法公开反对，因为他一站出来反对，就等于把自己推到了弟弟们的对立面。

推恩令这一手段十分高明，汉武帝没有动用一兵一卒，就以“推恩”的名义解决了汉朝建立以来藩王拥兵自重的威胁。诸侯国越分越小，藩王再也无力与中央抗衡，中央集权得到有力的巩固。推恩令的实施，标志着西汉分封制的彻底瓦解和失败，行政体制开始走向郡县制。

《削藩策》：汉景帝时期，晁错提出《削藩策》，建议汉景帝借诸侯王犯错误的时机，削减诸侯王的封区。

无解的阳谋

- **春秋**
  齐景公
  二桃杀三士
- **战国**
  孙膑
  围魏救赵
- **西汉**
  汉武帝
  推恩令
- **三国**
  曹操
  挟天子以令诸侯
- **北宋**
  赵匡胤
  杯酒释兵权

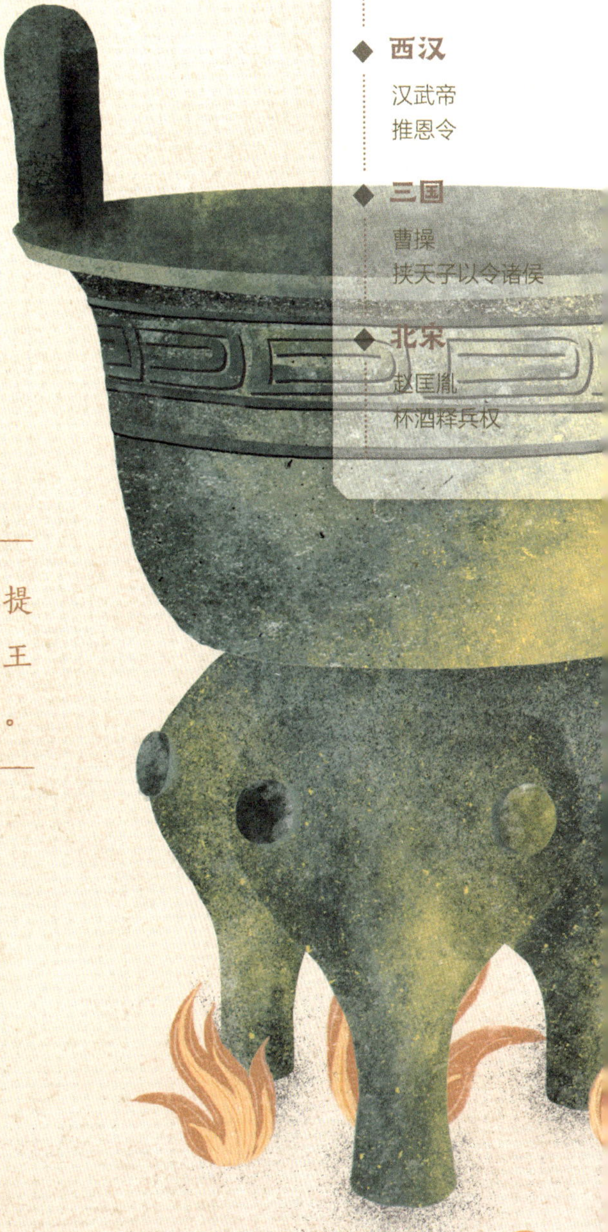

原文

具以吏所侵闻。于是上乃厚诸侯之礼，省有司所奏诸侯事，加亲亲之恩焉。其后更用主父偃谋，令诸侯以私恩自裂地分其子弟，而汉为定制封号，辄别属汉郡。汉有厚恩，而诸侯地稍自分析弱小云。

胜为人乐酒好内，有子百二十余人。常与赵王彭祖相非曰："兄为王，专代吏治事。王者当日听音乐，御声色。"赵王亦曰："中山王但奢淫，不佐天子拊循百姓，何以称为藩臣！"

——《汉书·景十三王传》

译文

他把官吏所犯的事全部上奏皇帝，于是皇帝就给诸侯以厚礼，减去有司所奏诸侯的事情，增加亲近亲戚的恩情。后来改用主父偃的计谋，命令诸侯以私恩自己分地给子弟，而汉朝为他们制定制度和封号，就另属汉郡。汉朝廷对于诸侯子弟有厚恩，而诸侯国土地却随之被越分越小，变得弱小了。

刘胜为人好酒色，有子一百二十余人。常与赵王彭祖相互指责说："兄为王，专门代官吏治事。为王应当每天听音乐，玩赏歌舞美人。"赵王也说："中山王只管奢侈淫乐，不辅佐天子安抚百姓，怎么能称为藩臣！"

哲思一问

汉高祖刘邦建立汉朝时分封同姓宗室为藩王，而汉武帝又推行推恩令削弱藩王权力，大家觉得到底谁对谁错呢？

《汉书》

如果说《史记》是中国第一部纪传体通史，那么《汉书》就是中国第一部纪传体断代史。《汉书》开创的断代史体例，建立了以一个王朝为正统的历史体系，这一写法被后代史家所继承，成为官修史书的体例。

本书的作者名叫班固，他生活在东汉时期。和司马迁一样，他出身于史学世家：父亲班彪是史学家，曾经撰写了《史记后传》；妹妹班昭也是一名学者；弟弟班超名气更大，是一位外交家、军事家。班固奉汉明帝的诏令，继续父亲未完成的事业，开始撰写《汉书》。《汉书》中关于汉武帝以前的历史，基本上抄自《史记》；关于西汉的部分资料，来自父亲的《史记后传》；而大部分资料，是班固自己搜集的。经过 25 年的辛劳，《汉书》总算基本完成了，但他也因为牵涉进了一个政治案件，死在狱中。他死时，《汉书》尚未全部完成，书中的“八表”是由妹妹班昭续写的，书中的《天文志》是由学者、军事家马续补充完成的。

分封制

封：意思是把土地按照爵位的等级分封给诸侯，封字所从的寸是又，表示以手封树的意思。

如果说世袭制是奴隶社会的产物，那么分封制自然就是封建社会的产物。

这种政治制度，是由周朝创立的。周武王灭亡商朝后，除了留下京畿地区（京城及其周边）直属于朝廷，把其他土地和这些土地上的民众，分给他的兄弟、亲戚和功臣，让他们到各地去做诸侯，这就是“封邦建国”，简称“封建”；这些诸侯，对自己的亲属和随从进行同样的分封，封他们为卿大夫，这些卿大夫的封地叫“采地”或“采邑”；卿大夫依次分封。

由于诸侯国拥有世袭的土地和军队，自主权很大，渐渐造成了周朝王权的衰落和诸侯权力的膨胀。春秋时期出现的“春秋五霸”就是这样的后果，周王只是名义上的天下共主。

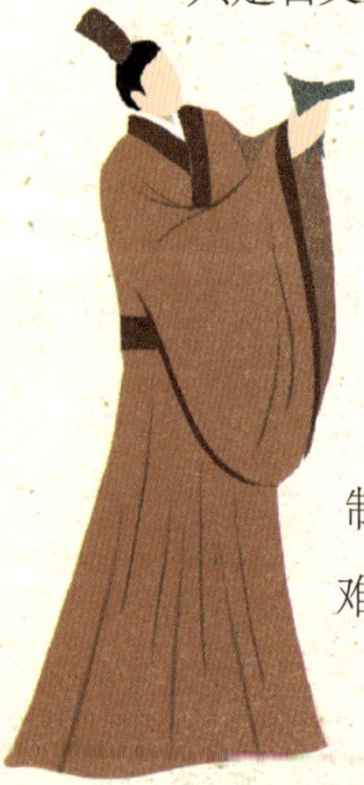

秦始皇统一中国后，推行郡县制。但西汉建立后，实行了郡县制与分封制并行的制度，再次引发了国家内乱，直到汉武帝推出“推恩令”，中央政府的权威才得到保障。西晋统一中国后，为了加强皇室的力量，再次恢复“分封制”，结果把国家搞得四分五裂，最终引发了“八王之乱”。明朝建立后，朱元璋又实行了“分封制”，把 25 个子孙封在各地为王，也引发了“靖难之变”。通过“靖难之变”上台的朱棣，彻底看清了“分封制”的隐患，不再新封藩国。

国宝小档案

名　称	宜侯夨（cè）簋（guǐ）
所属年代	西周
出土地点	江苏省镇江市大港镇烟墩山
文物综述	宜侯夨簋是一件铸有铭文的青铜器，见证了西周分封制度的实施。1954 年自江南吴地的古丘出土，其腹底铭文 126 字，记录了周康王对宜侯夨的册封，及赐予其的田土与奴隶。这不仅记录了宜侯夨个人的尊荣，更是记载了周王朝政治制度与江南地区开发的珍贵史料。铭文三段，从祭祀记事到封赏细节，再到对宜侯的颂德，每一行字都是对那个时代社会结构与文化的深刻描绘。

衡石不正十六两以上赀官啬夫一甲不盈十六两到八两赀一盾甬不正二

升以上赀一甲不盈二升到一升赀一盾

郡县制

郡县的长官由皇帝直接任免，实现了“天下之事无大小皆决于上”的独裁统治，使得天下从普通百姓到各级官员都得俯首听命于皇帝。

十羊九牧

在北周时期，出了一个叫杨尚希的人，他小时候就死了父亲，11 岁离开母亲到长安求学，经一位名人推荐，有幸进入太学读书。在太学里，他专心致志地研究学问，学起来根本不知道疲倦，同学们都推崇和钦佩他。一天，周太祖宇文泰来到太学，18 岁的杨尚希居然能把一部《论语》讲得深入浅出，明明白白，不禁让宇文泰大为惊奇，把他看作一位奇才，让他担任了国子博士。在周武帝、周宣帝当政时期，他也受到重用。

隋文帝杨坚接受北周的禅位，建立隋朝后，任命杨尚希为度支尚书，负责管理国家财政税收，还授给他高都县公的爵位。

他既聪明，又正直。他发现隋朝新设了很多郡县，造成朝廷开支过大，内心十分忧虑，便向隋文帝上了一道奏折。

奏折上说："秦朝统一天下后，废除了诸侯，设置了郡守。从汉、魏到晋，国家关于郡县的设置多次更改。我发现，当今郡县的数量，是过去的一倍还多，有的地方不到百里地，却同时设了几个县；有的地方户数不到一千，却由两个郡分开管辖。郡县数量的增加，带来官吏数量增加，国家开支越来越大，租税调赋却逐年减少。再说，清廉能干的优秀人才，在一百人中也难以选出一人，如今动不动就需要几万名官员，到哪里去寻找呢？现在的情况是，民众少，官员多，这就好比有十只羊，却用九个人放牧。正所谓琴可以改弦更张，瑟不应胶柱而鼓呀。当务之急，是把重要的郡县保留下来，把虚设的郡县撤掉，把小郡合并成大州。这样一来，国家就不用虚耗仓粮官帛，推选举荐就容易得到贤能的人才。我斗胆陈述一点小见解，恭听圣上决断。"

看了奏表，隋文帝赞美嘉奖了他，按照他的建议，撤并了许多州郡。

从此，诞生了"十羊九牧"这个成语，比喻民少官多。

原文

窃见当今郡县，倍多于古，或地无百里，数县并置，或户不满千，二郡分领。具僚以众，资费日多，吏卒人倍，租调岁减，清干良才百分无一，动须数万，如何可觅？所谓民少官多，十羊九牧。

——《隋书·杨尚希传》

译文

我看当今郡县数量，比古时成倍增多，有的地方不满百里地，却几个县并列设置，有的地方户数不到一千，却由两个郡分开管辖。备员充数的僚佐太多，资财耗费天天增多，下吏走卒人数倍增，租税调赋逐年减少。清廉能干的优秀人才，百中无一，动辄需要数万，到何处寻觅？这正是所说的民众少官员多，十只羊九个人放牧。

哲思一问

如果你回到了古代当县令，你是应该服从上级命令，还是为老百姓做主呢？

隋守门按盾武士俑

《隋书》

这是一本关于隋朝历史的官修纪传体史书，是中国二十四史之一。

隋朝只传了两代皇帝，仅仅存在了 38 年就灭亡了，教训十分深刻。唐朝统治集团中的许多人目睹了隋朝在农民起义打击下崩溃的过程，“以隋为鉴”成为他们的共识，于是决定编写一本《隋书》。公元 629 年，唐太宗下诏，让秘书监魏徵负责主编《隋书》。本书的编者，除了魏徵，还有颜师古、孔颖达、许敬宗、李延寿、敬播、赵宏智等人。

《隋书》如实记录了隋文帝在政治与经济领域推行的一系列重要改革。其中一项显著的措施，便是采纳了杨尚希的建议，对地方行政体制进行了大刀阔斧的调整。具体来讲，隋文帝精简州、郡、县为州、县两级，裁撤了多余的官员，从而简化了地方官制，提高了行政效率。这些改革举措不仅加强了中央集权，也为隋朝的稳定与发展奠定了坚实的基础。

陶戴盔武士俑

隋朝虽国祚短暂，统治仅 38 年，但承前启后，影响深远。隋代陶俑同样表现出这一性质，既融汇统一东魏、北齐样式，又在此基础上发展出一些新样式。

郡县制

郡：

郡周朝就有，周天子土地纵横千里，分成百县，每县有四个郡。到秦朝初年全国设置三十六个郡，用来监督它下属的县。

“县”本义是悬，因为最早设立的这个行政机构处在悬远地区；“郡”本义是国君直辖的邑，郡是县的上一级机构。

郡县，作为一种由国君直辖的地方行政建制，最早出现在春秋时期。但这些郡县，只是在边远地区和新兼并的土地上设置的一种行政机构，是由分封制的都邑制向中央集权的郡县制转变的过渡形态。

秦始皇统一中国后，取消了诸侯的封国和卿大夫的采邑，将全国划分为36个郡，郡下设县，郡守、县令直接由朝廷任免，这样就形成了一种与分封制迥然不同的国家结构形式——郡县制。在这种制度下，国家政令更加统一，分裂的隐患得到消除。从此，由秦朝确立的强干弱枝的中央集权制，代替了由周朝创立的地方分权的分封制。尽管偶尔有一个王朝为了笼络人心，在郡县制的基础上辅以分封制，但无一不碰得头破血流，最终还是乖乖地恢复到完全的郡县制。

后来的各个朝代，无论是两级区划还是三级区划，无论名称是郡、县还是省、府（州）、县，实质都是中央集权的郡县制。

国宝小档案

名　　称	里耶秦简·洞庭郡县简
所属年代	秦朝
所属博物馆	里耶秦简博物馆
出土地点	湖南省湘西龙山县里耶古城
文物综述	里耶秦简·洞庭郡县简，是秦朝郡县制度的珍贵实证，出土于历史悠久的里耶古镇（现存于长沙的里耶秦简博物馆）。简中所载的法令、政策，不仅展现了秦朝的法治观念，而且是研究中国古代政治制度演变的关键资料。它们见证了秦统一六国后如何通过郡县制加强中央对地方的控制，为我们提供了一扇观察古代中华文明行政智慧的窗口。

科举制

隋唐以来，国家选拔人才都会通过科举考试来进行。金榜题名、读书取仕也从此成为无数中国读书人一生追求的梦想。

金榜题名

《太平广记》里有一个故事，说的是一个叫崔绍的人，在一个州衙里做文秘工作。他很善良，从未杀过生，只是让仆人把烦人的三只猫扔到过江里。母亲去世后，他按礼制辞去官职回家守孝。没了官职，他过得很苦，常常吃了上顿没下顿，不得不外出向亲友求援，以至于走遍了海南各郡。在他住进雷州的客舍时，突然得了热病，当晚病情加重，第二天就要死了。他临死前，忽然看见两个小鬼拿着文书，说是奉阎王的命令前来捉拿他。他不服，声称自己从来没有作过恶，凭什么被捉到阴间。就在双方争执不下时，来了一个神人，对崔绍说："我是一字天王，鉴于你供奉我多年，特地来救你，你跟我走吧。"

接下来，崔绍跟着天王，被两个小鬼押着来到阴间，见到了阎王。天王替崔绍求情，但阎王说：“有受害者上诉，说他尽管没有亲手杀人，但亲口下命令，让仆人把受害者杀死在了江里。”不一会儿，三个猫头人身的受害者与他当堂对质。天王赶紧让崔绍抄经书为三个受害者超度，阎王这才答应放过他，让他还阳。

有意思的是，崔绍居然和阎王论起了亲戚，还提了一个要求：“我偶然来阴间一趟也不容易，听说这里有阳间官吏的名册档案，我没有多少才能，又得了病，回人间也不奢望当官了。可我还有一些亲友，我想知道他们的禄数，不知道行不行？”阎王勉强答应了他，让阴间的王判官把他引进了一个小楼。只见满墙都是金榜和银榜，上面列着人间贵人的姓名。将和相，列在金榜上；将相以下的官员，列在银榜上。还有一块很长的铁榜，上面列着州县官吏的姓名。列在三个榜上的，都是活着的人；如果人死了，姓名就会被抹掉。王判官对崔绍说：“看看就可以了，千万不要向世间透露榜上人的官职。已经在位的，说了还不要紧。还没任命的，绝对不能泄漏。如果你不听告诫，就会变成哑巴。”

几天后，他从阴间被放回阳间。苏醒后，问家中的亲人，才知道自己已经“死去七天”了，只有心脏、嘴巴、鼻子还有一丝热气。

金榜题名：古时候表示科举考试中了进士，现在则表示考上了一流大学。

原文

满壁悉是金榜银榜，备列人间贵人姓名。将相二色，名列金榜。将相以下，悉列银榜。更有长铁榜，列州县府僚属姓名。所见三榜之人，悉是在世人。若谢世者，则随所落籍。

——《太平广记 · 再生十一 · 崔绍》

译文

只见满墙都是金榜和银榜，上面列着人间贵人的姓名。将和相，列在金榜上；将相以下的官员，列在银榜上。还有一块很长的铁榜，上面列着州县官吏的姓名。列在三个榜上的，都是活着的人；如果人死了，姓名就会被抹掉。

哲思一问

金榜题名是古代寒门学子改变命运的必经之路，大家觉得在现代社会里，读书还可以改变命运吗？

《太平广记》

这部书，是由李昉、扈蒙、李穆、徐铉、赵邻几、王克贞、宋白、吕文仲等 14 名文人，奉宋太宗的命令编纂的。由于本书在太平兴国年间完成，所以取名《太平广记》。

这是中国古代文言纪实小说的第一部总集，这些小说取材于汉代到宋初，分类来编写，代表了中国文言故事的主流，就连清代《聊斋志异》中的系列故事，都跳不出这个范围。

书中神怪故事占了很大比重，但最有名的还是传奇小说，如《李娃传》《柳氏传》《无双传》《霍小玉传》《莺莺传》《柳毅传》《南柯太守传》《长恨歌传》。

科举制

科：科原意是衡量、分别谷子的等级，后引申出科举之意，是古代分科考选文武官吏后备人员的制度。

选拔人才，一直是历代统治者的头等大事。汉代，实行了察举制。三国时期，魏国推出了“九品中正制”。隋朝创立了科举制，允许天下书生参加公开考试，以考试成绩作为当官的标准。简单地说，察举制是看品行取人，九品中正制是看出身取人，科举制是看试卷取人。科举制像一声惊雷，让读书人看到了通过考试改变命运的希望。

以宋朝为例，科举考试分常科、特科两类。常科分三级，每三年一次。第一级是由各州府举行的“秋贡”，通过的叫解士，第一名叫解元。第二级是由尚书省礼部主持的“省试”，在第二年春天举行，考中的叫贡士，第一名叫会元。最高一级是由皇帝主持的殿试，殿试不再淘汰，只是排定一二三甲的名次，一甲三人，分别叫状元、榜眼、探花，赐进士及第；二甲若干名，赐进士出身；三甲若干名，赐同进士出身。如果三级考试都是第一，就叫“连中三元”。考中进士，就具备了当官的资格。

明、清的科举考试分五级。第一级是童试，由地方县、府组织，通过的成为童生。第二级是院试，在府、州的学院举行，通过的成为生员，通称秀才。第三级是乡试，在省城举行，三年举行一次，考中的成为举人，就具备了做官的资格。第四级是会试，在京城举行，考中的成为进士。第五级是殿试，由皇帝圈定考题，通过考试为进士排定名次。遗憾的是，从明代开始，科举考试限制越来越多，以至于选拔出来的官员多是只会读书的“书呆子”。

国宝小档案

名　　称	"状元及第"铜镜
所属年代	清朝
所属博物馆	北京故宫博物院
出土地点	具体出土地点不详
文物综述	清朝"状元及第"铜镜，直径14.7厘米，中央圆钮凸起，铭刻"状元及第"四字，既是实用之物，亦是吉祥之兆。钮旁隐约可见的铭文，或为匠人的匿名之作，见证了当时工艺之精细与匠心独运。今陈列在北京故宫博物院，成为连接过去与现在的文化纽带，让人们得以窥视一代才俊的风采，感受历史的深长和文化的博大精深。

法律制度

古代中国的法律精神里，非常重视礼仪纲常的伦理秩序。立法者历来都倡导用伦理纲常来规范人的行为，而反对只注重严刑峻法。

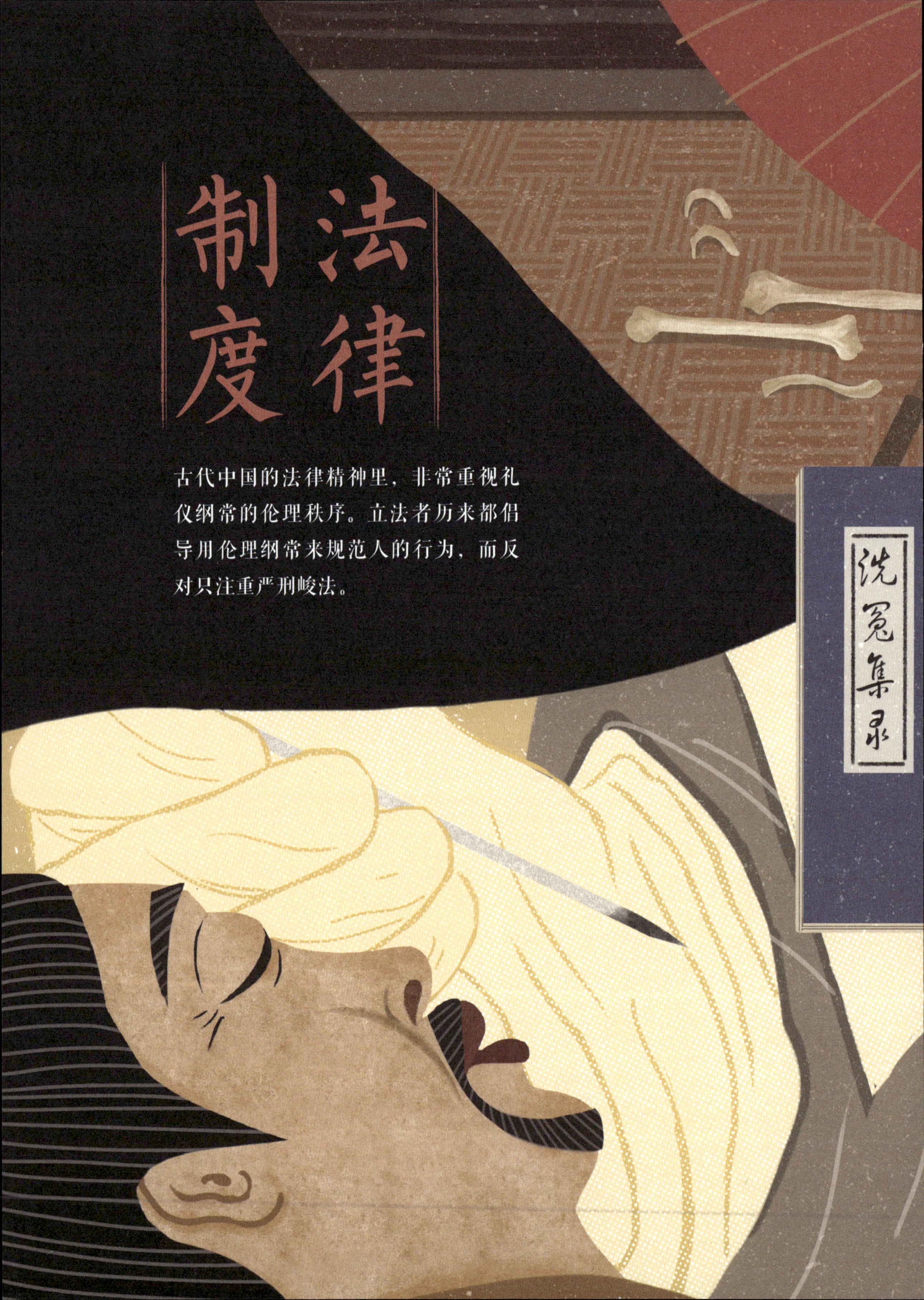

林冲刺配

小说《水浒传》里有一个人物，名叫林冲，有万夫不当之勇，是八十万禁军的枪棒教头，因为长得“豹头环眼”，所以得了个“豹子头”的绰号。

林冲的妻子姓张，人称林娘子，长得特别美，就像画上的人儿一般。一天，她去东岳庙上香时，被高太尉的养子高衙内一眼看中。高衙内想霸占林娘子，又摆不平武艺高强的林冲，只得请养父高太尉帮忙想办法。

高太尉想出了一条毒计。他事先命人将自己的宝刀卖给林冲，过了几天，又让手下以看刀为名，把林冲带入了太尉府，并借机带进了白虎堂。要知道，白虎堂是军机重地，任何人不能私自进入，带刀进入是要杀头的。当林冲发现面前是白虎堂，而带路的人又突然消失时，立即感觉大事不妙。当他返身退出时，高太尉却突然出现，指控林冲携刀私入白虎堂，想行刺自己。一时间，林冲百口莫辩。

高太尉的意图是除掉林冲，但林冲也不傻，一直大喊冤枉，死活不认罪。后来，经过开封府尹的周旋，加上小吏孙定仗义执言，林冲没有被判死刑，而是以“不该腰悬利刃，误入节堂”的罪名，判脊杖二十，刺配边远荒凉的军州。

在古代社会，法律本是规范秩序、保障社会和谐与稳定的重要工具，然而，有时不免会被有心人滥用，成为他们满足私欲的帮凶。高太尉便是利用身份和权力，让林冲背上了“行刺”的罪名，不仅要受杖刑并且被判刺配。刺配就是在脸上刺上字，涂上墨，然后去边关服军役。在脸上刺字，好比刻上“我是罪犯”的标签，犯人根本无法在社会上抬起头来，这也是林冲后来被“逼上梁山”的重要原因。

折杖法：中国宋朝法律，将流、徒、杖、笞等刑罚折合为相应的脊杖或臀杖。

原文

正值有个当案孔目，姓孙名定，为人最鲠直，十分好善，只要周全人，因此人都唤做孙佛儿。他明知道这件事，转转宛宛在府上说知就里，禀道："此事果是屈了林冲，只可周全他。"府尹道："他做下这般罪，高太尉批'仰定罪'，定要问他'手执利刃，故入节堂，杀害本官'，怎周全得他？"孙定道："这南衙开封府不是朝廷的，是高太尉家的？"府尹道："胡说！"孙定道："谁不知高太尉当权，倚势豪强，更兼他府里无般不做，但有人小小触犯，便发来开封府，要杀便杀，要剐便剐，却不是他家官府？"府尹道："据你说时，林冲事怎的方便他，施行断遣？"孙定道："看林冲口词，是个无罪的人，只是没拿那两个承局处。如今着他招认做'不合腰悬利刃，误入节堂'，脊杖二十，刺配远恶军州。"滕府尹也知这件事了，自去高太尉面前，再三禀说林冲口词。高俅情知理短，又碍府尹，只得准了。

——《水浒传·第八回》

哲思一问

大家觉得治理一个国家时是法律法规重要，还是思想教育重要？

《水浒传》

它是中国古典四大名著之一，是中国历史上最早用白话文写成的章回小说之一，描写的是北宋末年，官逼民反，以宋江为首的一百零八条好汉在山东梁山泊聚义的故事。本书最精彩的是人物塑造，一百零八条梁山好汉，每个人都有血有肉，脾气性情各不相同，各有一个恰如其分的绰号。其中的“武松打虎”“倒拔垂杨柳”“拳打镇关西”“醉打蒋门神”“智取生辰纲”“三打祝家庄”等故事，一直在民间流传，几乎达到了妇孺皆知的程度。

作者施耐庵生活在元末明初的乱世。他十分厌恶尔虞我诈的官场，仅仅当了两年钱塘县尹，就辞官回到老家，一面教书，一面写《江湖豪客传》。书脱稿后，施耐庵对书中的情节十分满意，只是觉得书名欠佳。当时，他的学生罗贯中建议把书名改为《水浒传》。施耐庵一听，高兴地说：“好！这个书名好！水浒，就是水边的意思，有在野的含义啊。”

：刑原意是惩罚罪过，字体由井、刀组成。

法律制度

尽管处在同一片蓝天下，但中国古代法律与现代法律是有很大不同的。

一些在今天看来确凿无疑的犯罪行为，在古代是不用承担任何法律责任的。例如，父母犯了罪，如果子女隐瞒不报，把父母藏起来，在今天是犯了包庇罪，要受到法律惩处，但在古代这叫“容隐”，是不用承担任何法律责任的；反过来，如果子女去官府告发父母，这一举动在古代就是“不孝”，不仅不会受到嘉奖和勉励，反而会被视作犯罪。

一些在今天看来处罚很轻，甚至不可能列为犯罪的行为，但在古代却是要杀头的。在古代有十种犯罪行为被列为“十恶”，是要判死刑的，即便在皇帝大赦天下时也不能赦免，这就是古书中常说的“十恶不赦”。“十恶”包括谋反、谋大逆、谋叛、恶逆、不道、大不敬、不孝、不睦、不义、内乱，这些罪名一个个看起来很可怕，其实有些“犯罪”根本不是什么大事。例如用眼睛直视皇帝，就是犯了大不敬罪；有了好吃的留着自己吃，而不是先给父母吃，就是犯了不孝罪。这些行为，在今天别说杀头了，就连犯罪也不沾边。

唐宋时期，已经形成了完整的法律体系，唐朝颁布了《唐律》，宋朝出台了《宋刑统》。但以皇权为中心的等级特权思想，一直渗透于立法和司法的全过程。“法律面前人人平等”在古代是办不到的，因为皇帝掌握着最高的立法和司法权，皇亲国戚们享有法律特权。

国宝小档案

名称	云梦睡虎地秦简
所属年代	秦统一前后
所属博物馆	湖北省博物馆
出土地点	湖北省云梦县睡虎地 11 号秦墓
文物综述	云梦睡虎地秦简，是一批反映秦国法律制度的珍贵文物。这些竹简的发现，为我们提供了研究秦国法律、社会管理及其对后世影响的宝贵资料。其中详细的法律条文，不仅展示了秦国的法律体系，而且揭示了古代中国社会秩序和国家机构的运作方式。如今，这些简牍作为重要的历史文献，被学者们深入研究，继续为我们解读着远古时期的法律智慧。

军事制度

《孙子兵法》有言：“兵者，国之大事。”古代中国很早就出现了职业化的军队，而与之相匹配的军事制度，也随着时代的变化而进化。

投笔从戎

东汉初期，有一个著名的文人家庭，父亲叫班彪，是个史学家，大儿子叫班固，小女儿叫班昭，也是史学家，都长得文文静静，唯独二儿子班超长得五大三粗，豪气冲天。但班超年轻时代却甘心在家里侍奉父母，默默地操持家务，并且不认为是一种耻辱。他口才也很好，而且博览群书，尤其喜欢读名人传记。

公元 62 年，班固被召入京城，担任校书郎，负责编写《汉书》。于是，班超和母亲一起跟着哥哥搬到洛阳居住。班家没有多少收入，一家人日子过得很苦，班超不得不靠帮着官府抄写公文挣点小钱。

那时，中国还没有发明印刷术，所有的文书、典籍都靠一笔一画地抄写

来流传，因此官府雇用了大量的抄写匠。这个职业不仅收入不高，而且非常辛苦，一天抄下来，每个人都累得腰酸背痛，眼冒金星。关键问题在于，一份公文常常要抄好几十遍，一本书则需要抄一两个月，非常枯燥。

一天，班超正在抄写公文，写着写着，突然站起来，狠狠地将毛笔扔到地上，愤怒地说："大丈夫应该像傅介子、张骞那样，在战场上立下功劳，怎么可以在这种抄抄写写的小事中白白地消耗一生呢！"

当时，身边的抄书匠都嘲笑他，他回应说："小子们怎么能了解壮士的志向呢？"

他毅然投笔从戎，主动服役，加入了朝廷远征军。公元 73 年，他被任命为小小的代理司马一职，跟随北征军攻打匈奴，一到军中他就显示出与众不同的才能，杀死了很多敌人，得到了主将窦固的赏识，派他出使西域。接下来，班超带领 36 名部下铿锵西去，在西域打出了一片天地，收服了西域各国，赶走了匈奴势力，恢复了西域都护府，打通了沉寂已久的丝绸之路，因功被封为定远侯。

投笔从戎：比喻一个人弃文从武，立志报国。

原文

班超字仲升，扶风平陵人，徐令彪之少子也。为人有大志，不修细节。然内孝谨，居家常执勤苦，不耻劳辱。有口辩，而涉猎书传。永平五年，兄固被召诣校书郎，超与母随至洛阳。家贫，常为官佣书以供养。久劳苦，尝辍业投笔叹曰："大丈夫无它志略，犹当效傅介子、张骞立功异域，以取封侯，安能久事笔研间乎？"左右皆笑之。超曰："小子安知壮士志哉！"

——《后汉书·班超传》

译文

班超字仲升，扶风平陵人，是徐县县令班彪的小儿子。为人有远大志向，不拘小节。但在家孝顺父母，常干辛苦的事，不以劳动为耻辱。班超能言善辩，而且涉猎历史典籍。永平五年，哥哥班固被朝廷征召担任校书郎，班超和母亲跟随他来到洛阳。家中贫穷，班超经常为官府抄书供养母亲。他长期劳苦，曾停下工作扔下笔叹息说："大丈夫没有什么别的志向谋略，也应该效仿傅介子、张骞在异域立功，争取封侯，怎么能总是干这种抄写的工作呢？"左右的人都嘲笑他。班超说："凡夫俗子怎么知道壮士的志向！"

哲思一问

大家觉得一支军队要想打胜仗，是统帅重要，还是士兵重要呢？

《后汉书》

东汉，又叫后汉，所以本书取名《后汉书》。《后汉书》与《史记》《汉书》《三国志》合称“前四史”，主要记述了东汉195年的历史。

本书的精彩之处在于，一方面揭露鱼肉人民的权贵，另一方面又表扬那些刚强正直、不畏强暴的中下层人士。在作纪传时，它改变了《史记》《汉书》把皇后列入“外戚传”的写法，为皇后写了本纪，记录了东汉六个皇后临朝称制的史实。在列传方面，它新增了党锢、宦官、文苑、独行、方术、逸民、列女七种列传。其中《列女传》是首次在正史中出现，如对选择丈夫重品行、轻富贵的桓少君，劝夫求学的乐羊子妻，博学的班昭、才女蔡琰等进行了歌颂，展示了古代女性的高尚品德、聪明才智和反抗精神。

军事制度

：军表示军队编制单位。商代甲骨文、西周金文中，称军队为『师』，至春秋开始用『军』称军队。

建立一支什么样的军队，怎样组建这支军队，才能更好地保卫国家，一直是让历代君主伤脑筋的事儿。

先秦时期，朝廷从贵族、国人（自由民）和庶民中招募军人，贵族子弟是作战主力，史称虎贲（bēn）；国人作为车兵；庶民作为步兵。秦、汉实行的是役兵制。秦朝规定，17 岁到 60 岁的男子，都要服两年兵役。西汉把服役年龄范围缩小到 20 岁到 56 岁。

南北朝时期，西魏、北周创立了府兵制。府兵兵农合一，平时耕作的农民，在农歇时训练，战时随军打仗。府兵服役期间，免征税赋，但出征时自备武器、粮食。唐朝中期，府兵制瓦解，实行募兵制。募兵是自由应募，应募后授田，钱粮由官府发给，军队由节度使统领。好处是减轻了农民负担，坏处是容易造成军阀割据。北宋的禁军（中央军）、厢军（地方军）都是采取募集的办法。

猛安谋克制，是由金代女真人创立的。猛安是一个部落单位，谋克是一种氏族单位，规定三百户为一谋克，十谋克为一猛安。平时游猎，战时打仗，形成了全民皆兵的军事体制，这也是女真人建立的金国屡屡打败北宋的一大原因。清朝的八旗制度，是猛安谋克制的升级版。辖区内所有人都编在八旗之内。后来，随着地盘越来越大，大清增设了汉八旗、蒙古八旗。八旗兵是大清的主要军事力量。

国宝小档案

名　　称	错金杜虎符
所属年代	战国
所属博物馆	陕西历史博物馆
出土地点	1973 年西安市南郊北沈家桥村出土
文物综述	战国时期的错金杜虎符，是一件彰显军事权威与工艺美术双重价值的文物。这对虎符，以其错金的华丽与精细，讲述着古代军队调度的严谨与秘密。通过虎符上的铭文可以了解其用法，虎符右半符掌握在国君手中，左半符在杜地军事长官手中，如果要调动 50 人以上的带甲兵士，左右两符合成一对才能号令军队行动。

税收制度

古代中国是一个以农为本的社会，从农耕社会形成之初，税收制度就与之相伴，并成为国家的根基。

捕蛇者说

古时候，永州郊外出产一种特殊的蛇，身体是黑色的，花纹是白色的。它一接触草木，草木就会统统死掉。它咬了人，也是无法治疗的。但是捉住它，把它做成药引子，可以治疗麻风、手脚痉挛、脖子肿大、毒疮，还可以去除僵死的肌肉，杀死人体内的寄生虫。最初，皇宫里的太医拿着皇帝的命令，去永州征收这种毒蛇，一年征收两次，允许用蛇抵税。于是，一些永州百姓冒着被毒蛇咬死的危险，专门从事捕蛇这个差事。

有户姓蒋的人，祖孙三代都依靠捕蛇抵税。他告诉柳宗元："我爷爷是在捕蛇时被咬死的，我父亲也死在捕蛇上，如今我依靠捕蛇抵税已经12年，有好几次差点死掉。"他说话时，满脸悲伤。柳宗元也很难过，于是对他说："你痛恨捕蛇这个差事吧？我把你的情况告诉主管税务的官吏，换掉你的这份差事，恢复你的税，可以吗？"

蒋氏听后，反而更加悲伤了，只见他眼泪汪汪地说："您是想可怜我、同情我，让我活下去吗？要知道，我因为捕蛇带来的不幸，还不如缴税带来的不幸严重。假如我不去捕蛇，早就贫困不堪了。我家三代都住在这个村里，算起来已经六十年了。乡亲们为了缴税，拿出了地里出产的一切，交出了家中所有的收入，结果一贫如洗，只得哭喊着四处逃亡，死在逃亡途中的不知有多少。

过去与我爷爷同住在这里的人家，现在十户不剩一户了；与我父亲同住在这里的人家，现在十户不剩二三户了；与我同住在这里的人家，现在十户不剩四五户了。他们不是死了就是流浪他乡了，但我家却靠捕蛇独自留了下来。我一年捕两次蛇，只需要冒两次生命危险，其余时间还算过得去，哪里像我的那些乡亲们，天天都受到收税官吏的恐吓和压榨！我即使死在捕蛇抵税这件差事上，比起乡亲们来也算死在他们后面了，又怎敢痛恨这个差事呢？”

听完他的话，柳宗元心中更加悲痛。孔子曾说：“苛刻残酷的政令比老虎还要凶残。”柳宗元曾经怀疑这种说法，如今听了蒋家的遭遇，他才信了。唉，谁知道征税带来的危害，居然比毒蛇还要严重呢！所以他写下这篇文章，决心给那些考察民情的朝廷官员看。

历史上的奇怪税收

◆ 汉代

单身税

“女子年十五以上至三十不嫁”

◆ 五代

牛皮税

牛皮是制造铠甲、兵器的必需品，严禁私卖

◆ 宋代

鼠雀耗

官府以仓储粮食被鸟雀，老鼠偷食损耗为名向民户征收的税外之税

◆ 南宋

出门税

出城门时需要缴纳的税款

◆ 明代

三饷

辽饷、剿饷与练饷

◆ 清代

养廉银

本意是借由高薪鼓励官员廉洁从政、避免贪腐

原文

君将哀而生之乎？则吾斯役之不幸，未若复吾赋不幸之甚也。向吾不为斯役，则久已病矣。自吾氏三世居是乡，积于今六十岁矣，而乡邻之生日蹙。殚其地之出，竭其庐之入，号呼而转徙，饥渴而顿踣，触风雨，犯寒暑，呼嘘毒疠，往往而死者相藉也。

——《柳河东集·捕蛇者说》

译文

你是哀怜我，让我活下去吗？然而我干这差事的不幸，还比不上恢复我缴纳赋税的不幸那么厉害呀。假使我不干这差事，那我就早已困苦不堪了。自从我家三代住到这个地方，累积到现在，已经六十年了，可乡邻们的生活一天天地窘迫，把他们土地上生产出来的都拿去，把他们家里的收入也尽数拿去交租税仍不够，只得号啕痛哭辗转逃亡，又饥又渴倒在地上，一路上顶着狂风暴雨，冒着严寒酷暑，呼吸着带毒的疫气，一个接一个死去，处处死人成堆。

哲思一问

大家觉得在古代，农民辛辛苦苦种田，政府却要向农民征税，这样对吗？

《柳河东集》

本书作者是柳宗元，唐代文学家、哲学家、思想家。他祖籍是河东解县（今山西永济市），所以也被称为柳河东。他考中进士进入官场后，参加了王叔文变法集团。后来变法失败，他被贬出朝廷，先后任永州司马、柳州刺史，是古文运动的一大倡导者。

本书收入柳宗元的诗歌140多首、文章近500篇。他的文章，一类是政论文，其中的《封建论》，可以与贾谊《过秦论》相匹敌；另一类是寓言，《临江之麋》《黔之驴》《永某氏之鼠》是其中的名篇；还有一类是散文，其中的《永州八记》被后人奉为游记散文的范例。诗歌部分，最有名的是《江雪》："千山鸟飞绝，万径人踪灭。孤舟蓑笠翁，独钓寒江雪。"

税收制度

税：税是按田亩收敛谷物，古代专门指粮食税，后来慢慢变成了泛指一切赋税。

如果你生活在古代，已经年满 7 岁，正坐在私塾里咿咿呀呀地读书，突然闯进几个官员，对着你喊："缴税！"不要感觉奇怪，因为古时候有一种税叫丁税，也就是人头税，只要是 7 岁以上的人都必须缴税。

中国的"皇粮国税"，是从周朝开始的。周朝实行的土地制度是"井田制"，就是把田地平均分割成 9 块，周围的 8 块私田分给百姓耕种，中间的一块田称为"公田"，仍然由百姓耕种，但收获的粮食归诸侯、大夫所有。

到了春秋时期，诸侯、大夫把公田分给百姓，向他们征收十分之一的实物地租，又称为"什一税"。秦代，除了"什一税"，还第一次出现了"丁税"，7 岁以上的人都要缴税。西汉初期，由于战乱刚刚结束，民众负担太重，朝廷把田亩税改为"十五税一"，也就是把粮食收入的十五分之一上缴国家，汉景帝又进一步减为"三十税一"，这才带来了经济繁荣的"文景之治"。

唐初，朝廷实行了租庸调制，分别对土地、人丁、户头征税。唐代中期，宰相杨炎改革了原有的税制，提出了以土地、财产为纳税主体的"两税法"，每年分夏、秋两季征税。明朝后期推行的"一条鞭法"，清朝前期的"摊丁入亩"政策，都是按亩计税，以资产的多少来确定缴税数额。

古代历次税制改革，每一次改革都比以前有所进步，但始终做不到先给农民减负担，最终结果都是肥了皇家，穷了百姓。

国宝小档案

名　　称	“收租图”陶仓楼
所属年代	东汉
所属博物馆	河南博物院
出土地点	1963年出土于河南省密县后士郭1号东汉墓中
文物综述	“收租图”陶仓楼，东汉时期的陶艺杰作，其上的彩绘图案细腻地还原了汉代收租入仓的场景。“收租图”绘在仓楼下部，其中两人对坐，一人双手捧物交给对面戴冠的人，另外两人正往粮袋中装粮，旁边还画着装满谷物的粮袋和用于加工粮食的石磨、臼等工具。从这些画面细节中可以看出当时人们对农作物的重视，也可一窥汉代社会的经济与民生。

造纸术

竹简沉重，丝帛昂贵，在蔡伦改进造纸术之前，书籍是少数精英阶层的专属品，而造纸术的普及使得书籍和知识得以走进寻常百姓家。

洛阳纸贵

晋代有一个人，叫左思，是齐国临淄县（今山东省淄博市）人。他小时候其貌不扬，又口吃，还不爱读书。父亲请人教他书法，他的字写得歪歪扭扭；父亲又请人教他弹琴，他怎么也弹不出一首像样的曲子。对此，父亲很失望。一天，父亲对朋友说："我这个儿子所知道的和懂得的，还不如我小时候呢。"这话恰巧被左思听到了，他很受刺激，就关起门来发奋读书，文章渐渐写得有文采了。成年后，他写过一篇辞藻华丽的《齐都赋》。

后来，左思的妹妹被选进后宫，全家人也搬到京城洛阳。他下决心写一篇《三都赋》，也就是把三国时期的蜀都成都、吴都建业、魏都邺城全部写入赋中。一下子写三座都城，可是需要胆量和底气的。大文学家陆机到了洛阳，就有写《三都赋》的想法，听说左思也在写，就拍着手大笑，在一封信中说："这里有一个粗人，想写《三都赋》，等他写成以后，我就用它来盖酒坛子。"

面对嘲笑，左思并没有灰心丧气。他没去过成都，就去请教著作郎张载，了解成都及其周围的风光；他意识到自己见识不广，就要求担任秘书郎一职，废寝忘食地阅读、摘抄有关资料；他担心语不惊人，就在家门口、庭院里、厕所里都摆上纸和笔，偶然想到一句话，便马上记下来。

用了十年工夫，左思终于写成了《三都赋》。看过《三都赋》后，几位大学者主动要求为其作序、注、解，有人说：“这是班固、张衡一样的人物呀，让读到的人感觉余味无穷，历久弥新。”就连当初看不起左思的陆机，也从心底叹服，自认无法超越左思，就搁笔不写《三都赋》了。

听说《三都赋》写得无比精彩，豪门贵族家庭争相传抄。一时间，居然把洛阳城里的纸买光了，洛阳的纸张因此价格猛增。

古代造纸流程：古代造纸大致可归纳为四个步骤，先用沤浸或蒸煮的方法分离原料，然后在切割和捶捣下制成纸浆，再将纸浆抄造为薄薄的湿纸片，最终晾晒干燥后小心揭下来成为纸张。

原文

于是豪贵之家，竞相传写，洛阳为之纸贵。初，陆机入洛，欲为此赋，闻思作之，抚掌而笑，与弟云书曰：“此间有伧父，欲作《三都赋》，须其成，当以覆酒瓮耳。”及思赋出，机绝叹伏，以为不能加也，遂辍笔焉。

——《晋书·左思传》

译文

于是豪门贵族之家争相传阅抄写，京城洛阳的纸张供不应求，价格大涨。起初，陆机来到洛阳，打算创作《三都赋》，听说左思正在写此赋，拍手而笑，给弟弟陆云写信说：“这里有个粗俗鄙陋的人，想写《三都赋》，等他写成了，也只能用那些纸盖酒坛子罢了。”等到左思的赋作传出，陆机赞叹不已，认为不能超越，因此停笔不写了。

哲思一问

大家觉得好的文章需要绝妙的灵感，还是勤奋练习才能写出来呢？

《天工开物》

《天工开物》“杀青”一卷中详细记载了古代的造纸技术。卷名“杀青”就是指古代造竹纸的第一个环节斩竹漂塘，即上山砍竹，截断竹子浸在水塘内 100 天，然后捶洗脱掉粗壳与青皮，软化竹材。“杀青”之后制作竹纸还需要煮徨足火、荡料入帘、覆帘压纸、透火焙干四个步骤。

《天工开物》初刊于 1637 年，是世界上第一部关于农业和手工业生产的综合性著作，作者是明朝科学家宋应星。全书分为上、中、下三卷 18 篇，还附有 200 多幅精美的插图，收录了机械、陶瓷、烛、纸、兵器、火药、纺织、染色、制盐、采煤、榨油等生产技术，几乎囊括了当时农业、手工业生产的各个方面，这部书对古代劳动人民的生产实践经验作了科学的概括。

造纸术

纸：纸的字形看起来像是漂洗后附着在一块方形竹帘上的丝绵渣。纸的原料本来是破旧的丝绵，后来蔡伦改造造纸术，用树皮、麻头和渔网来造纸。

远古时期，我们的祖先把文字刻在乌龟壳和野兽骨头上，这种文字叫“甲骨文”。商代和周代，把文字浇铸在青铜器上，这种文字叫“金文”。战国时期，又把文字写在竹片上，这就是“竹简”。甲骨、青铜器、竹简都不容易携带。到了西汉时期，文字被写在丝绢上，这种卷起来的书被称为“卷”。书卷的重量倒是轻了，但成本高得吓人，不但一般人用不起，就连朝廷也受不了。

怎么办？东汉朝廷把这个难题踢给了一个太监。这个太监叫蔡伦，他主管监督制造宫中用的各类器物。蔡伦在试验中发现，要降低书写材料的成本，必须造出丝绢的替代品。于是，他找来树皮、麻叶、破麻布、旧渔网等，让工匠们切碎，放入水池中浸泡。过了一段时间，其中的杂物烂掉了，纤维则保留下来。他再让工匠把纤维捞起，放进石臼中搅拌，直到成为浆状物，然后用竹片挑起来，待到干燥后揭下，就得到了“纸”。公元 105 年，这种价格便宜、方便携带、易于书写的纸，被献给了汉和帝。皇帝高兴地将蔡伦封为龙亭侯，这种纸从此被称为“蔡侯纸”。随后，造纸原料不断丰富，纸的品种也日益多样。

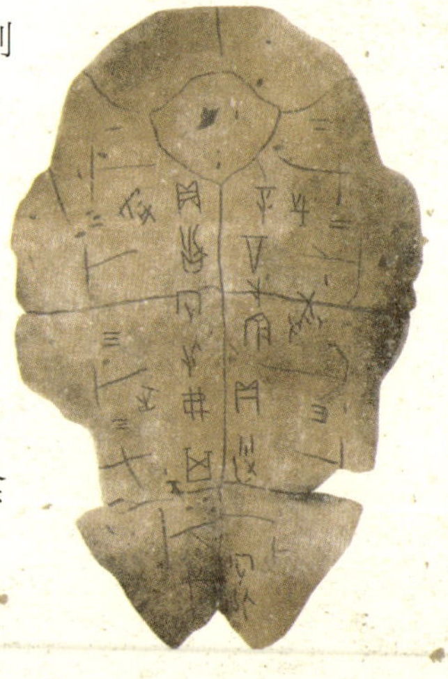

唐朝时期，在“怛罗斯之战”中，中国的造纸术由大食（阿拉伯帝国）传入欧洲，间接推动了意大利文艺复兴。

国宝小档案

名　　称	放马滩纸地图
所属年代	西汉初期
所属博物馆	甘肃省博物馆
出土地点	甘肃省天水市放马滩汉墓
文物综述	放马滩纸地图，是世界上已知最早的纸质地图，证明了西汉时人们已经掌握造纸的基本方法，将造纸术发明由东汉蔡伦所在的时代推前了近 300 年。这张地图以大麻为原料，绘有清晰的地理信息，充分展现了西汉时期的地图绘制水平。如今，它安静地陈列在甘肃省博物馆，让人们得以一窥两千多年前的地理面貌，感受古人智慧的光辉。

盤庚五遷將治亳殷民咨胥
怨作盤庚三篇盤庚遷于殷
民不適有居率吁衆戚出矢
言曰我王來既爰宅于茲重
我民無盡劉不能胥匡以生
昔在帝堯聰明文思光宅天
下將遜于位讓于虞舜作堯
典虞舜側微堯聞之聰明將
使嗣位歷試諸難作舜典曰
若稽古帝堯曰放勛欽明文

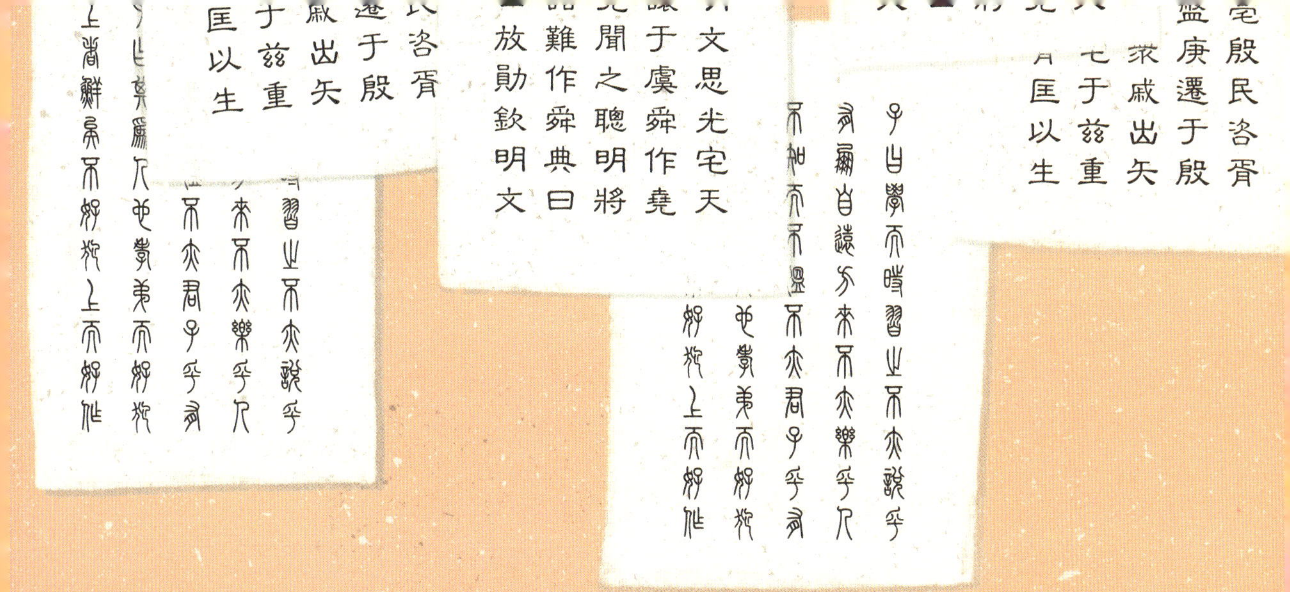

印刷术

中国刻石传统悠久，现存最早有春秋的石鼓文。到了东汉，首次将整部典籍刻在石头上，这类石刻称为石经，通过历代学者的拓印研习，跨越千年，留存至今。其衍生的拓印技术更启发了雕版印刷术的发明。

冯道刻《九经》

冯道，是一个有巨大争议的历史人物，他先后服务了四个朝代，在每个朝代都担任了宰相一级的高官，被戏称为“不倒翁”。我们暂且不从道德的角度评价他，仅仅从他干的一件事，就足以对他刮目相看，这件事就是“冯道刻九经”。

在汉代，儒学成为中国的主流文化。为了保证儒家经典在传播中不被歪曲、篡改，东汉末年的大文人蔡邕（yōng）提议，将儒家经典刻在太学门外的石碑上。后来的多个王朝，也仿效这一做法立了“石经”。到了五代时期，冯道所在的后唐财政紧张，拿不出钱来立“石经”，而唐初发明的雕版印刷术，因为成本较低，已在民间悄悄流行。正是在这种情况下，中书门下（宰相）冯道、李愚向后唐明宗建议，由国子监（相当于今天的教育部）用雕版印刷术刊印儒家经典，向天下传播。皇帝同意了这一建议，下令冯道和国子博士田敏主持雕印九部儒家经典。雕印全部完成后，冯道把《九经》献给了后周皇帝。虽然是乱世，《九经》还是得到了广泛传播。

《九经》雕印，从932年开始，到953年结束，横跨后唐、后晋、后汉、后周四个朝代，共用了22年时间。22年有多久？这个问题听起来很奇怪，但对于寿命不长的古人来说，22年

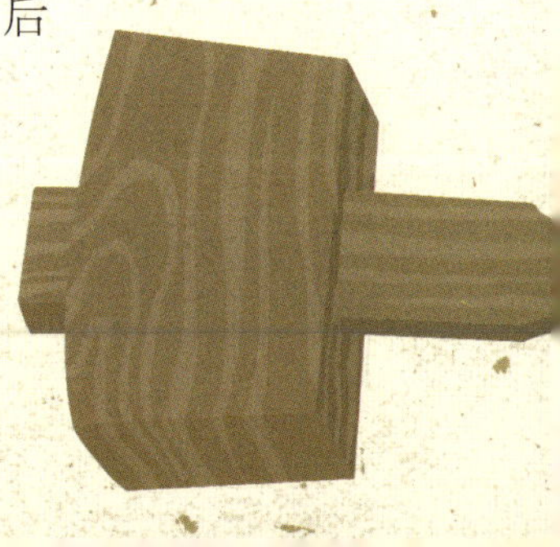

接近人生的一半了。这下，你是否佩服冯道的毅力呢？

这一宏大的工程，打破了儒家经典只能靠传抄和拓印的惯例，开创了朝廷利用雕版印刷术大规模印制书籍的先河。这在战乱持续不断、朝代更迭频繁的五代时期，不能不说是一个伟大的创举。

五代十国：中国历史上一段大分裂时期，五代是指中原地区先后经历了后梁、后唐、后晋、后汉、后周五个朝代，十国是指中原以外还先后有前蜀、后蜀、吴、南唐、吴越、闽、楚、南汉、南平和北汉等十个割据政权。

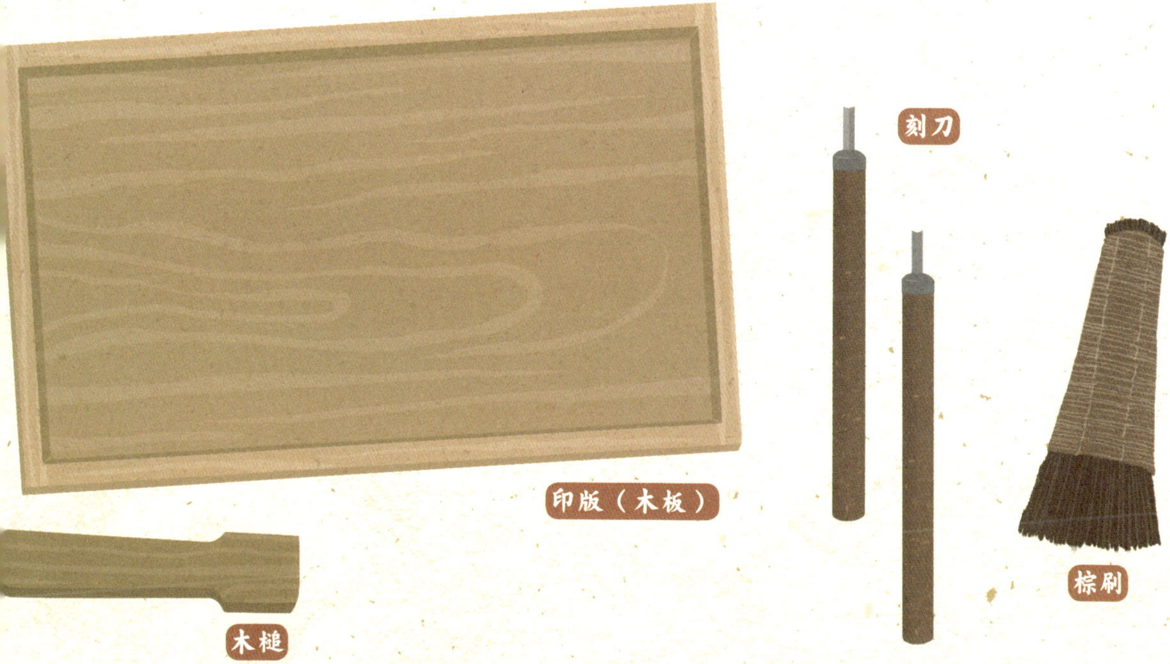

原文

长兴三年二月，中书门下奏："请依石经文字刻《九经》印板，敕令国子监集博士儒徒，将西京石经本，各以所业本经，广为抄写，仔细看读，然后雇召能雕字匠人，各部随帙刻印板，广颁天下。如诸色人要写经书，并请依所印刻本，不得更使杂本交错。"）

——《旧五代史·明宗纪》

译文

长兴三年（公元 932 年）二月，中书门下上奏，请求依照石经的文字刻《九经》印刷版，命令国子监的博士和儒学生，将西京石经本各按照所学习的本经句读，抄写出来，仔细阅读检查，然后雇佣、招聘能雕字的能工巧匠，各部按照套系刻版印刷，颁布天下。如各类人要抄写经书，必须依照所印刻本进行抄写，不能再使杂本交错混杂了。

哲思一问

印刷术给欧洲带来哪些具体的影响呢？

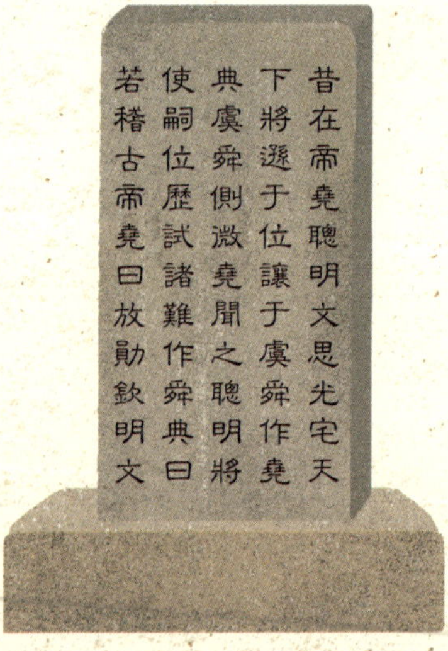

《旧五代史》

这部书原来叫《五代史》，后来为了与欧阳修的《新五代史》相区别，便称《旧五代史》。这是记录后梁、后唐、后晋、后汉、后周五代历史的史书，是“二十四史”之一。本书以中原五个王朝的兴亡为主线，以十国的兴亡和周边契丹、吐蕃等民族的起伏为副线，系统展现了这一大动乱时期的历史全貌。本书虽然名义上是五代史，实际上是整个五代十国时期各民族的断代史。《旧五代史》记述的五代十国时期是中国历史上一段大分裂的时期，充满了动荡和割据。各个政权之间相互攻伐，争夺领土，频繁的战争导致社会秩序混乱，人民生活困苦。

这部书是由宋太祖下诏编纂的官修史书，由宰相薛居正监修，书的实际作者有卢多逊、扈蒙、张澹、李昉等，他们都是当时的大学者。

五代文物

五代时期政权混乱，社会动荡不安，生产经济遭受不同程度的破坏。各地的制瓷工匠却在这种混乱环境下，形成了各具特色的制瓷工艺流派。

越窑青釉刻花卉纹执壶

白釉“官”字款莲瓣纹盖罐

孔雀蓝釉陶瓶

印：印原意是执政的人所持的印章，后来引申出图章、痕迹、印刷等意义。

印刷术

在没有印刷术的年代，古人只能一笔一画地抄书，一本书抄下来，往往需要好几个月，所以官府雇了很多人抄书。汉代的班超曾经靠为官府抄书谋生。后来，他实在厌倦了这种工作，才投笔从戎，到西域建功立业。

长久以来，中国古人一直研究文字传播的方式。早在秦汉时期，印玺和石刻技术就有了很大进步。魏晋南北朝时，人们掌握了反写阳文凸字的砖志、反写反刻阴文等技术。唐朝初期，发明了雕版印刷术。

北宋时期，一个叫毕昇的印刷作坊小伙计，发明了用胶泥制作活字的活字印刷术。紧接着出现了木活字，元明时期还出现了金属活字。中国的雕版印刷术和活字印刷术，先是传到周边的日本、朝鲜、越南，13 世纪又随着蒙古西征传到中亚、西亚，进而登陆欧洲，对欧洲文艺复兴起到了推动作用。

但让毕昇纠结的是，活字印刷术发明后，并没有取代雕版印刷术，原因也好理解。首先，活字印刷术的字模是混排的，使用者必须识文断字，但这对于地位不高、识字不多的工匠来说，要求太高了，而雕版印刷在制作模板时，仅仅需要工匠照着字形雕刻，并不需要识字。其次，汉语常用字多达几千个，需要制作大量字模，太麻烦了。但是，活字印刷术对于西方来说太对路了，英文、法文、拉丁文只有 26 个字母，德文也才有 30 个字母，印刷工坊只需要浇铸几十个活字，就可以进行排版印刷了。直到 1450 年，德国人古腾堡才借鉴毕昇的活字印刷术，发明了铅字印刷术。

国宝小档案

名　　称	回鹘文木活字
所属年代	宋至元时期
所属博物馆	敦煌研究院
出土地点	甘肃省敦煌市莫高窟
文物综述	这组回鹘文木活字形制统一、质地一致，厚度随符号的复杂程度而有所不同。每枚活字表面的墨迹和磨损都清晰可见，表明曾被频繁用于印刷书籍和文献。回鹘文木活字是世界上现存最早的木质活字，见证了印刷术的早期发展和文化交流的历史。这些木活字的发现，不仅证实了中国活字印刷技术的先进性，还展示了回鹘文字在文字记录和传播上的独特贡献。宋至元时期，回鹘文的广泛使用，促进了东西方文化的交流。

火药

火药是古代中国“四大发明”之一。中国古代的火药是以硝石、硫黄和木炭按照一定比例混合而成的。火药的发明将世界从冷兵器时代带入了热武器时代。

放　蝶

在古代，山东青城有一位掌管狱讼的官员名叫于重寅，他生性狂放，很喜欢和人开玩笑。在元宵节的夜晚，皓月高悬，满街的人都沉浸在节日的欢乐中，到处是看烟花、放爆竹的热闹场景。于重寅却有着另一番打算。他在一头驴子身上绑满了五彩缤纷的烟花爆竹，计划制造一场“别出心裁”的玩笑。他牵着这头装饰奇特的驴子来到太守府前，敲着梆子，请求太守出来观赏他的“火驴”。当时，太守家中正有事，他心爱的儿子正出水痘，病情让太守心绪极为烦乱，他并不想理会于重寅。

但于重寅不依不饶，不停敲梆子，迫使太守让守门人开门。于是太守命人把门打开，然后门一开，于重寅立刻点燃驴身上的烟花爆竹，将驴推入院中。随着爆竹的炸响，驴子受到巨大惊吓，开始在院子里拼命地狂奔。烟花爆竹在空中绽放，却也向人身上飞射。太守的家人和仆人们想要驱赶这头驴子，却因为爆竹的危险而无法靠近。

院子里一片混乱，驴子在惊恐中穿堂入室，打破了瓶瓶罐罐，火花四溅。烟花飞到哪里，哪里就燃烧起来，连窗纱都烧成了灰烬，太守家中一片狼藉。最令人心痛的是，太守那正出水痘的儿子，因为受到巨大的惊吓，竟在天不亮时就告别了人世。

太守既悲痛又气愤，决定向上级检举弹劾于重寅。于重寅得知后吓坏了，他赶紧四处请托高官说情，还亲自登门负荆请罪，希望能够获得太守的宽恕。在于重寅的连番请求和赔罪下，太守才罢休。

原文

太守不得已，使阍人启钥。门甫辟，于火发机，推驴入。爆震驴惊，踶趹狂奔，又飞火射人，人莫敢近。驴穿堂入室，破瓯毁甑，火触成尘，窗纱都烬，家人大哗。痘儿惊陷，终夜而死。太守痛恨，将揭劾之。于浼诸司道，登堂负荆，乃免。

——《聊斋志异·放蝶》

译文

太守不得已，就让守门人打开了门锁。大门刚刚打开，于重寅就点燃了驴身上的烟花爆竹，然后把驴推进了院子。爆竹炸响后，驴子受到惊吓，拼命地狂奔，烟花爆竹又向人身上飞射，人们不敢靠近。驴子穿堂入室，打破了瓶瓶罐罐，烟火在屋里烧了起来，窗纱都烧成了灰烬，太守家中乱成一片。太守出水痘的儿子因为受到惊吓，天不亮就死了。于重寅请了许多位司道官员说情，他自己又亲自登门负荆请罪，太守才不予追究。

哲思一问

火药推动了文明的发展，也带来战争，大家觉得火药究竟是好的还是坏的呢？

《聊斋志异》

蒲松龄出自清代一个书香世家，因自幼对民间鬼神故事抱有浓厚的兴趣，后来开了一间茶馆，通过来喝茶的客人，搜集了大量的离奇故事。以此为素材，他创作了一部古代短篇小说集，取名《聊斋志异》。这本书通过人与鬼、人与妖相恋的故事，塑造了婴宁、小翠等一批女性形象，寄托了对婚姻自由和理想爱情的向往。本书还以辛辣的言辞，抨击了科举制度的黑暗和官场的丑态。这些小说，不仅在文言中加进了民间口语和俚语，使得语言既典雅又活泼，富有艺术感染力，而且灵活运用拟人、夸张、比喻等修辞手法，塑造出的鬼狐精灵都通人情世故，富有浪漫主义色彩和神秘气息。本书在艺术表现上，已经达到了近乎完美的境界，堪称古代短篇小说的巅峰之作。在20世纪，还诞生了一批根据该小说改编的影视剧。

火药

火：火是物质燃烧时所发出的光和焰，火光旺盛而向上。古人将火与金、木、水、土并称为五行，并用五行来解释世界的构成。

火药的发明，很可能源于古代炼丹士的一场炼丹事故。据唐代炼丹指南《真元妙道要略》记载，炼丹士在用硝石、硫黄、雄黄和蜜炼丹时，引起了火灾，人被烧伤了，房子也被烧毁了。

到了晚唐时期，炼丹士发现，用硫黄、硝石、木炭按照一定配比进行混合，就能制成一种危险的易燃物——黑色火药。孙思邈在《丹经内伏硫黄法》一书中，叙述了把硫黄、硝石和皂角放在一起烧的伏火法，这是我国最早的黑火药配方，也是世界上关于火药的最早记载。

中国是一个爱好和平的国家，一开始，黑火药主要用来制造鞭炮、焰火，在节日庆祝活动时使用，图个喜庆和热闹，有时也用于发信号。到了宋代，宋军常常打败仗，才琢磨着把火药用于战争。北宋末年，金兵一直打到宋朝京城开封城下，并对开封形成围攻之势，宋将李纲这才让手下搬出一种原始火炮——霹雳炮，轰击攻城的金兵，算是暂时解了开封之围。

元代，蒙古四大汗国的地盘横跨亚欧大陆。中国的火药制造技术也被蒙古军队带到了波斯（今伊朗），进而传到欧洲。制造火药的主要原料硝，在当时被称为“中国盐”。

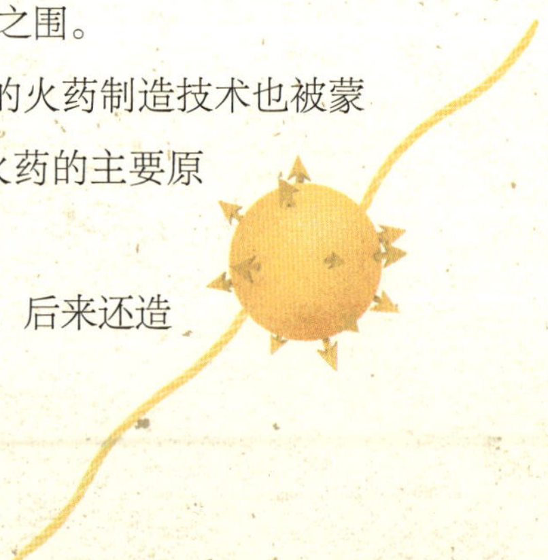

从 14 世纪开始，欧洲人利用黑色火药制成了火器，后来还造出了火枪、火炮，从而把全球战争带进了热兵器时代。

国宝小档案

名　　称	青铜火铳
所属年代	明代
所属博物馆	中国国家博物馆
出土地点	不详
文物综述	青铜火铳，明代军事科技的杰作，展现了火药使用的历史进程。这件火铳以青铜为材，工艺精湛，是火器发展早期的典型代表。其存在不仅证明了中国古代先进的冶金技术和火药技术，而且反映了明代军事装备的发展水平。作为中国火器史上的重要见证，青铜火铳在中国国家博物馆中展出，不仅吸引了无数参观者的目光，而且也让人深思古代科技与军事结合的深远影响。

指南针

中国人很早就发现了地球周围分布着磁场的现象，并开始利用磁场规律制造工具，从司南到罗盘，古人逐步利用磁场规律指导生产、生活，以及战争。

黄帝造指南车

在原始社会，中华民族的母亲河——黄河岸边生活着三大原始部落，一个是没落中的神农部落，首领是炎帝，大本营设在陈丘（今河南省淮阳市）；一个是新兴的有熊部落，首领是黄帝，大本营设在有熊（今河南省新郑市一带）；一个是东夷人的九黎部落，首领是蚩尤，大本营设在涿鹿（今山西省运城市一带）。

为了争夺土地肥沃的中原，三大部落各不相让。黄帝率先发难，在阪泉之战中击败了炎帝。然后，黄帝借助吞并炎帝部落的余威，带兵渡过黄河，挺进到九黎部落的大本营附近。

远古历史上最大的一场战争，在涿鹿郊外爆发。

传说，蚩尤部落已经造出了兵杖、刀、戟、大弩，拥有兵器上的优势。而且，蚩尤有八十一个兄弟，个个脑袋硬得像铜一样，力气大得像牛一样，还能吃沙子和石头，打起仗来不要命。因此，战争初期，蚩尤部落九战九胜，黄帝部落非常狼狈。

一次，蚩尤作法，喷出漫天的大雾，黄帝的士兵都迷了路。危难之中，黄帝发明了指南车，找到了方向，带领士兵走出了迷雾。

黄帝为什么能走出迷雾？难道有神灵在帮助他？对此，蚩尤实在想不通，蚩尤军队的信心也受到挫伤。渐渐地，黄帝军队占了上风，胜仗越打越多，最终俘虏了蚩尤，取得了彻底胜利。

战后，黄帝成为华夏部落联盟首领。战败的九黎部落则被黄帝部落合并，从此被称为黎民百姓。

指南车

指南车是中国古代指示方向的一种车辆，传说最早造指南车的是黄帝。“车虽回运而手常指南”，指南车无论是直行或转弯，车上的木人的手总是指着一个固定方向。

原文

大驾指南车，起黄帝与蚩尤战于涿鹿之野。蚩尤作大雾，兵士皆迷，于是作指南车，以示四方，遂擒蚩尤，而即帝位。

——《古今注·指南车》

译文

大驾指南车，最早是黄帝与蚩尤在涿鹿郊外爆发战争时制造的。在战争中，蚩尤施展法术制造了大雾，黄帝的兵士都迷了路，于是黄帝发明了指南车，来辨别方向，最终擒获了蚩尤，然后即了帝位。

哲思一问

大家觉得是指南车帮助黄帝打败了蚩尤吗？

黄帝汉画像石拓片

《古今注》

古代的文人，要么生活在富贵家庭，要么是政府官员，他们不用下地干活，也不用做家务。那么，大量的空闲时间用来干什么呢？据了解，他们有的写诗写赋，有的练书法，有的画画，有的搞音乐，还有个别人钻进了旧纸堆，搞起了考证。

这是一本关于考证的古代笔记。全书分舆服、都邑、音乐、鸟兽、鱼虫、草木、杂注、问答释义八篇，对从前和当时的各类事物做了解说和考证。本书对我们了解古代的制度、习俗和古人对自然界的认识，有着一定帮助。不足之处是，书中的某些解释不够合理，带有随意性。

本书的作者，名叫崔豹，渔阳（今北京市密云）人。这个人名气不大，我们只知道他生活在西晋时期，是个文人，当过晋惠帝时期太傅的助手——太傅丞。

指南针

南：南，意思是草木到了南方就生长得十分旺盛，枝叶繁茂。古人认为南方为尊，代表生机繁茂，所以习惯称指南。

在远古传说中，黄帝和周公都造出了指南车，据说这是利用齿轮传动来指明方向的一种简单机械装置，可以指示方向，也作为帝王的仪仗车辆。这种指南车几度失传，又几度重造，后人查不到它的原理和构造。所以，对于指南车的发明年代，至今没有一致的看法。

如此说来，中国最早的指南仪器，就应该是司南了。战国时期，人们在开发磁铁矿时，发现磁石具有吸铁性和指极性。以磁石为原料，人们制造出了一种指示南方的器具——司南。司南的形状像汤勺，可以在“地盘”上自由旋转，等它静止时，勺柄就会停在正南的方向。司南是罗盘的前身，也是世界上最早的指南针。

北宋时期，为了适应海上航行的需要，人们把磁勺换成用磁铁磨制的磁针，还发明了“水浮法”，就是把磁针穿上灯心草，然后放在盛满水的碗里指示方向。随后，它又被改造成简单实用的水罗盘。罗盘的使用，使船只远航变得更为安全。航船需要辨别方向时，夜里靠观测星星，白天靠观测太阳，阴雨天就靠罗盘。

元代，罗盘是远洋航行最重要的仪器。明代郑和下西洋时，每艘船上都配有罗盘，罗盘上标有 24 个方位。郑和船队七次下西洋，从来没有迷失过方向，与罗盘的使用有很大关系。

中国的罗盘从海路传到阿拉伯地区，然后传入欧洲。罗盘由中国传到欧洲，是世界航海史上惊天动地的大事件。没有罗盘的西传，欧洲的世界地理大发现还是个未知数。

国宝小档案

名　　称	明青釉鼓钉瓷制水浮司南
所属年代	明代
所属博物馆	罗定市博物馆
出土地点	不详
文物综述	明青釉鼓钉瓷制水浮司南，是古代导航仪器的珍贵文物。此件司南以优质瓷土烧制，表面施青釉，造型独特。其内部水浮结构设计巧妙，能准确指示方向，反映了明代航海技术的高度成就。作为指南针的一种形式，它不仅是古代中国科技创新的象征，而且是海上丝绸之路文化交流的见证。

丝绸

纺织的出现，标志着人类脱离了茹毛饮血的原始状态，进入了原始文明的社会。而丝绸正是中国古代纺织技术华美的代表，同时也是古代中国最重要的贸易产品之一。

丝绸贸易战

历史进入春秋时期，周朝王室由强变弱，再也无法约束实力强大的诸侯国。于是，这些诸侯国频频发动战争，不断兼并小国。齐国企图征服周边的鲁国和梁国，但一直没有找到好的办法。

一天，齐桓公向国相管仲征求对策，他说："紧邻的鲁国、梁国，对于我们齐国来说很不利。如今我想征服鲁国和梁国，有什么好办法呢？"

管仲眨了眨眼，想了一条奇计。他说："鲁国和梁国百姓，向来以织绨（tí，一种质地较厚的丝织品）为业。建议您带头穿绨，下令群臣也穿绨，齐国百姓也会仿效。同时，您要下令，齐国不准织丝，必须购买鲁梁的绨。这样一来，鲁梁二国就会放弃种粮，都去植桑养蚕织绨了。"

齐桓公采纳了管仲的计策，十天后就在泰山南部穿上了绨。一时间，绨衣风靡齐国。接下来，管仲找到鲁梁二国的商人，说："你们给我贩来一千匹绨，我给你们三百斤金；贩来一万匹绨，给你们三千斤金。"

于是，鲁国和梁国绨价猛增，即使不向百姓征税，国库也十分充足了。鲁、梁国君很高兴，下令全国百姓织绨。百姓见有利可图，便放弃农事转向织绨，连良田都荒芜了。

转眼就是十三个月，管仲派人来到鲁梁境内，发现二国城市人口拥挤不堪，路上尘土飞扬，走路的无法抬脚，坐车的车轮相碰，骑马的列队而行。管仲对齐桓公说：“可以拿下鲁梁二国了。”齐桓公问：“该怎么办？”管仲回答：“您应当改穿帛（一种白色的丝绸），带领百姓不再穿绨，还要封闭关卡，与鲁、梁断绝一切贸易往来。”于是，齐桓公下令封闭了关卡，鲁、梁的绨再也无法进入齐国。

十个月后，管仲派人进入鲁梁二国，发现当地百姓已经陷入饥饿之中，连国家最基本的赋税都交不起。两国国君命令百姓停止织绨去种庄稼，但粮食哪能在三个月内产出来？百姓买粮每石要花一千钱，而齐国的粮价才十钱。两年后，鲁梁百姓有十分之六投奔了齐国。三年后，鲁、梁国君也宣布接受齐桓公的调遣，齐桓公顺利成为“春秋五霸”的第一霸。

春秋五霸：是春秋时期相继称霸的五个诸侯，不同历史文献有不同说法，《史记》记载为齐桓公、宋襄公、晋文公、秦穆公、楚庄王。

原文

桓公曰："鲁梁之于齐也，千谷也，蜂螫也，齿之有唇也。今吾欲下鲁梁，何行而可？"管子对曰："鲁梁之民，俗为绨。公服绨，令左右服之，民从而服之。公因令齐勿敢为，必仰于鲁梁，则是鲁梁释其农事而作绨矣。"桓公曰："诺。"即为服于泰山之阳，十日而服之。

——《管子·轻重戊》

译文

齐桓公问："鲁国和梁国对于齐国来说，多产千钟细粮，于齐国的高粱米来说就像蜂虿一样不利，但又与齐联系紧密如唇齿相依。如今我想要攻下鲁梁两国，应该怎么做才好？"管子回答道："鲁梁的百姓，习俗是纺织绨。您穿绨衣，让左右大臣也穿绨衣，百姓就也会跟着穿。您下令让齐国禁止纺织绨，那么大家就都得靠鲁梁的绨，那么鲁梁的百姓就都会放下农事来纺织绨了。"齐桓公说："好。"于是在泰山以南制作绨服，十天后人人都穿上了绨服。

哲思一问

大家觉得鲁国和梁国为什么会被齐国打败呢？

《管子》

管子，是管仲的尊称。管仲，颍上（今安徽省颍上县）人，他担任齐国国相后，大力发展农工商业，控制了盐铁交易，改革了政治和军事系统，使齐国一跃成为最有实力的诸侯国，辅佐齐桓公成为“春秋五霸”之首，被后人赞为“华夏第一相”。

这部书记录的是管仲及其弟子的言行事迹。它既不是一人的著作，也不是一时的著作，而是稷下学派的一部文章汇编。全书内容庞杂，汇集了道家、法家、儒家、名家、兵家、农家、阴阳家等百家观点，以道家学说为主流，吸收其他学派的长处，主张礼与法结合，建立等级名分体系，促进农工商均衡发展。

“十年树木，百年树人”的经典观点就出自《管子》一书，本书通篇闪耀着哲学思想、经济理论和政治实践的光辉。

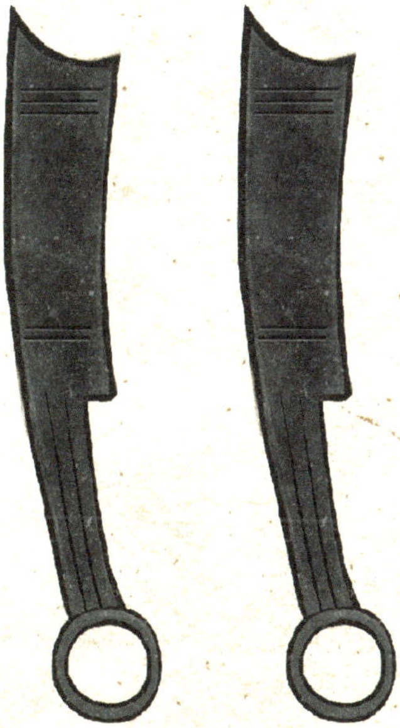

“齐大刀”齐国刀币

齐国是当时的东方大国，拥有山泽渔盐之利，商业十分发达，齐国是最早铸行刀币的国家之一。

：丝是蚕吐出的像线的东西，是编织绸缎等布料的原料。

丝绸

谁能想到呀，一种叫蚕的小虫子，一生能吐出 1500 米到 3000 米长的丝。利用这种丝，中国古人制作了丝绸，这是中国古代最重要的发明之一。

在上古传说中，黄帝的妻子嫘（léi）祖首创了种桑养蚕法，掌握了抽丝编绢术，她也因此被尊称为“蚕神”。考古界也证实，早在五六千年前的新石器时代中期，中国古人就开始养蚕、取丝、织绸了。

商代，蚕桑业形成了较大规模，当时已经出现了提花丝织物。春秋战国时期，发展农桑成为各诸侯国富国强兵的重要国策，几乎所有国家都能生产丝绸。

公元前 138 年，汉武帝派遣张骞出使西域，打通了中亚、西亚，并连接地中海各国的陆上通道“丝绸之路”，中国的丝绸源源不断西去，成为西域各国竞相追捧的奢侈物品。在当时的大秦（罗马帝国），丝绸的价格比黄金还高。

从汉到唐，是中国丝绸业发展最为迅猛的时期，无论是丝绸产量、质量、品种，还是在国际市场上受欢迎的程度，都达到了前所未有的高度。

宋代以后，随着中原大户南迁，丝绸业的中心从北方转移到江南地区，海上丝路也成为中国瓷器、丝绸、茶叶贸易的主要通道。

在公元前 200 年左右，朝鲜半岛地区在中国移民的协助下，首先掌握了养蚕技术。三国两晋南北朝时期，养蚕技术传到了西域。6 世纪中叶，两个僧人把西域的蚕种藏在拐杖里，带到了拜占庭，帮助拜占庭掌握了养蚕织丝技术，使得欧洲不再完全依靠中国供应生丝。

国宝小档案

名　　称	“五星出东方利中国”锦护臂
所属年代	汉朝
所属博物馆	新疆博物馆
出土地点	新疆维吾尔自治区民丰县尼雅遗址一处古墓中
文物综述	汉代“五星出东方利中国”织锦护臂，色彩斑斓，绣有五星连珠图案，字句巧妙融入其中，昭示着天文奇观与吉祥寓意的完美结合。这件织锦护臂出土于新疆的尼雅遗址，即《汉书》中记载的丝绸之路上的“精绝国”旧址。作为汉王朝对精绝国的赏赐，这件织锦护臂不仅展现了汉代高超的织造工艺，还象征着中原与西域之间的友好关系。

陶瓷

在瓷器没有诞生前，世界各地的人们都在使用粗糙的陶器，只有中国人实现了从陶器到瓷器的进阶。对于古代工匠来说，每一道工艺的转变都需要成百上千年的经验积累。

宁封子制陶

在上古时期，中原地区洪水泛滥，人们生活艰难，被迫迁往山区。在这个时代，生活用品极为简陋，尤其是盛水的器具，木制的桶容易漏水，泥做的罐又容易碎裂。这给生活带来了极大的不便。

在这个困难的时期，有一个名叫宁封的人，以其聪明才智著称。宁封不仅是个思考者，还是个实践者。一次，他在烤鱼时不慎将鱼烧焦。为了不浪费，他用泥土将剩下的鱼包裹起来，放入火中。不料，他被部落联盟首领黄帝派去执行任务，三天后才返回。当他回来时，发现鱼已经化为灰烬，只留下了一个泥壳。他好奇地敲击泥壳，发现它坚硬且能发出清脆的声音。他将泥壳装满水，惊喜地发现水一滴不漏。就这样，陶器的原型诞生了。

宁封将这一发明献给了黄帝，黄帝对此大为赞赏，任命宁封为“陶正”，即负责制造陶器的官员。宁封的陶器很快在部落中流行起来，人们用它来盛水、储存食物，生活因此变得更加便利。相传有一天，一位仙人路过宁封的土窑，他帮助宁封掌握火候，使陶器呈现出斑斓的色彩。这位仙人后来将这一绝技传授给了宁封。从此，宁封的陶器因此更加美观，色彩丰富，深受人们喜爱。

传说宁封年迈后，为了将自己的技艺传承下去，选择了一种极端的方式——点燃大火自焚。人们赶到现场时，只见宁封的身影随着五彩的火焰升腾而上，仿佛化作了仙人。火焰熄灭后，人们在灰烬中找到了他的遗骨，将其安葬在宁北山中。由于宁封对陶器事业的巨大贡献，人们尊称他为“宁封子”。

在四川省都江堰市青城山下，有一个建福宫，供奉的正是宁封子。建福宫后的丈人山，据说是黄帝向宁封子求教的地方。宁封子在升仙后，据说栖居于青城山，黄帝曾向他学习“龙跷飞行”之道。因此，在道教中，宁封子被尊为龙跷真人，掌管天上人间的重要事务。

新石器时期陶器：中国是最早制造陶器的国家之一，新石器时期各个地区按照不同土质发展出红陶、黑陶和彩陶等不同制陶工艺。

原文

宁封子者，黄帝时人也。世传为黄帝陶正。有人过之，为其掌火，能出五色烟。久则以教封子。封子积火自烧，而随烟气上下。视其灰烬，犹有其骨。时人共葬于宁北山中，故谓之宁封子焉。

——《列仙传·宁封子》

译文

宁封子这个人，是黄帝时代的人，相传是黄帝在位时掌管制陶的官员。有人经过他制陶的地方，替他掌握烧陶的火候，窑中能冒出五种色彩的烟。后来，那人把掌火的方法教给了宁封子。为了将这项秘诀传承下去，宁封子把火聚在一起焚烧自己，他的身体居然能随着烟气升降，仿佛化成了仙人。当人们察看烧剩下的灰烬，还能见到他的骸骨。当时的人们便一起把他的骸骨葬在宁北山中，因此尊称他为宁封子。

哲思一问

除了陶瓷之外，大家还知道哪些中国独有的传统工艺呢？

《列仙传》

在汉代，很多人相信，只要人得了道，就能变成神仙，因此出现了许多写神仙的志怪小说，《列仙传》就是一部志怪小说集，书中记录了七十一位神仙的事迹，构建了相对完善的神仙谱系。其中一部分神仙是上古时期的神话人物，如黄帝、赤松子、彭祖等，他们个个形象古怪，能量巨大；另一部分神仙是现实生活中的人物，如吕尚、王子乔、老子、东方朔、介子推、范蠡等，他们都有奇特的生活方式和变幻莫测的法术。书中最精彩的，是人神相恋的故事，其中的江妃二女、炎帝女、酒家女、秦穆公女都能按照自己的理想来选择配偶，并且都有圆满的结局。书中还有一些游仙故事，这些人进山后，都遇到了仙子，后来都成了仙，反映了世人崇尚入道求仙的社会思潮。

这些小说，篇幅不长，文字简单，故事涉及炼金术、导引术、得道升天、呼风唤雨、死而复生、返老还童等，读起来比较有趣，开创了神仙传记的先河。

陶瓷

：陶本来是两层的山丘，后来专指定陶这个地方。现在一般指用黏土烧制的器物。

陶是先于瓷诞生的。陶器，通常是指用黏土或陶土经过捏制成型后烧制而成的器皿。中国在距今 1 万年左右发明了陶器，是世界上最早产生陶器的地区之一。秦始皇陵兵马俑是彩绘陶中的精品，深受世界各地游客的欢迎；唐三彩作为低温釉陶的代表，以精美的雕塑艺术和明快亮丽的色彩，成为丝绸之路上的畅销品。

瓷器，通常是指经过高温烧成、胎体烧结程度较为致密、釉色品质优良的黏土或瓷石制品。中国是瓷器的故乡，瓷器是中国古人化土为器的一大创造。

瓷器脱胎于陶器，烧制瓷器必须具备三个条件：一是原料必须是含有石英和绢云母的瓷石、瓷土或高岭土；二是烧成温度必须在 1200 摄氏度以上；三是在器皿表面覆有高温烧成的玻璃一般光滑的釉面。与表面粗糙、不够结实的陶器相比，瓷器胎质细密、经久耐用、便于清洗、外观美丽。

从唐代开始，一船船精美的中国外销陶瓷，借助海上丝路流传到东亚、南亚、西亚、东非和欧洲。从宋代开始，瓷器代替丝绸，成为中国外贸的主角。尤其是葡萄牙探险家打通中欧贸易线路后，中国瓷器源源不断地输入欧洲，改变了欧洲人的烹调方法、餐饮习惯和生活品味。瓷器的输入，使得欧洲人对遥远的中国更加神往，以至于他们在自己的语言中拿瓷器来指代中国。

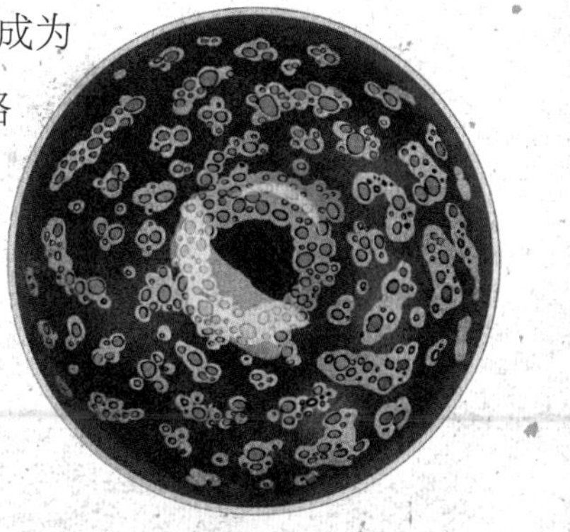

国宝小档案

名　　称	钧窑玫瑰紫釉海棠式花盆
所属年代	宋（公元 960—1279 年）
所属博物馆	中国国家博物馆
出土地点	清宫旧藏
文物综述	钧窑玫瑰紫釉海棠式花盆，是瓷器中的艺术瑰宝。其釉色如同晨曦中的玫瑰，深邃而神秘，釉面似有光泽跳动，彰显着钧瓷色彩特有的变化莫测。海棠式的造型，线条柔和，宛如自然界中的花朵在春风中轻轻摇曳，尽显东方艺术的细腻与含蓄。这件作品不仅是工匠巧夺天工的结晶，还是中国古代陶瓷技艺的历史见证。

青铜器

大量考古发掘证实，新石器时代晚期，中国工匠已经掌握了青铜铸造方法。虽然中国的青铜文明不是世界上最早的，但是青铜器出土的数量、规模和工艺水准都是无与伦比的。

智伯送钟

春秋末期，由智伯担任正卿（执政大臣）的晋国试图开疆拓土。大诸侯国不好对付，智伯就把目标对准了周边的小国。中山国有个名叫厹繇(qiúyóu，在今山西盂县一带)的属国，成了智伯的首要目标，只是苦于道路崎岖，不好行军，无法发动进攻。经过一番思考，智伯让手下以歌颂功绩为由，给厹繇国铸造了一个大钟，这是个青铜器，口径设计得很大，需要用两辆并排的车装载着送给厹繇国君。当时的钟与鼎一样，是权势地位的标志。作为大国的晋国，将大钟送给一个小国，是很给面子的。

听到消息，厹繇国君就想削平高地、填平溪谷来迎接大钟。大臣赤章蔓枝劝谏说："古诗上说：'只有遵循一定的法则，才能使国家安定。'我们凭什么从智伯手中得到大钟？况且，智伯为人贪婪，不守信用，一定是他想攻打我们，但是苦于没有进军的道路，所以铸造了大钟，用两辆并排的车装载着来送给您。如果您因此削平高地，填平溪谷，修筑大路来迎接大钟，那么，智伯的军队必定随着到来。"

但高兴过头的厹繇国君根本听不进去。过了一会儿，赤章蔓枝再次苦口婆心地劝谏。只见国君挥挥手，不耐烦地说："大国跟我们交好，你却拒绝人家，不知感恩还猜忌人家，你不要再说了！"赤章蔓枝回应国君："做臣子的对国君不忠诚坚贞，是罪过；忠诚坚贞却不被采纳，脱身远去是可以的。”于是，他砍掉车轴的两端，表示与国君断绝关系，然后离开了这个国家。他到了卫国的第七天，厹繇国就灭亡了。

厹繇国之所以灭亡，是因为国君太想得到大钟了。想得到大钟的心情太急切，关于国家安全的主张就听不进去了。

青铜器的功用

- **甗（yǎn）** 蒸饭的炊具
- **簋（guǐ）** 盛饭的食器
- **爵** 盛酒的饮具
- **匜（yí）** 洗手洗脸的用具
- **钟** 打击乐器，一组称为编钟
- **戈** 用以钩杀的兵器

原文

中山之国有厹繇者，智伯欲攻之而无道也。为铸大钟，方车二轨以遗之。厹繇之君将斩岸堙溪以迎钟。赤章蔓枝谏曰："诗云：'唯则定国。'我胡以得是于智伯？夫智伯之为人也，贪而无信，必欲攻我而无道也，故为大钟，方车二轨以遗君。君因斩岸堙溪以迎钟，师必随之。"

——《吕氏春秋·权勋》

译文

中山国内有个厹繇国，智伯想攻打却无路可通，就给厹繇国铸造了一个大钟，用两辆车并排装载着送给国君。厹繇的国君削平高地、填平溪谷来迎接大钟。赤章蔓枝劝谏说："诗经上说：'只有遵循准则才能使国家安定。'我们凭什么从智伯那里得到这东西？智伯的为人，贪婪并且不守信用，一定是他想攻打我们而苦于没有道路，所以铸了大钟，用两辆车并排装载着送给您。您如果因此削平高地、填平溪谷来迎接大钟，智伯的军队必定跟着到来。"

哲思一问

大家觉得厹繇国被灭亡，是由于国君的贪婪还是另有原因？

《吕氏春秋》

又叫《吕览》，是由吕不韦组织门客编写的一部政论文汇编。本书作为杂家的代表性著作，虽综合了先秦各大学派的学说，却又不是这些学说的机械拼凑，通篇贯穿着统一的思想观点。后人要想了解先秦的哲学史、思想史，必须去读这本书。书中还有许多精彩的寓言故事，“掩耳盗铃”“刻舟求剑”“竭泽而渔”等，都出自这本书。

这本书编完后，吕不韦把全书挂在咸阳城门，声称如果有谁能改动一个字，赏他千金。消息传开，人们纷纷前去观看，却没有一个人能对书上的文字加以改动，这就是典故“一字千金”的来历。

吕不韦，战国末期政治家、思想家。他原本是一个商人，资助过落难的秦国王子子楚。子楚继任秦王后，吕不韦被任命为相国，为秦国的强盛立下了汗马功劳。

青铜器

铜：纯铜是红色的金属，青铜是纯铜与锡或铅的合金，比纯铜的强度更高且熔点更低，是金属冶铸史上最早的合金。

青铜，是红铜与锡、铅等化学元素的合金。刚刚铸造完成时，它呈现金色，古人称它为“金”。这种合金历经几千年的化学反应，表面出现了一层青绿色的锈蚀，所以我们今天称它“青铜”。

青铜是人类历史上的一项伟大发明，是世界冶金铸造史上最早的合金。按照世界流行的说法，最早的青铜器出现在六千年前两河流域的古巴比伦。

四千多年前的夏代，中国也出现了青铜器。商朝晚期和西周早期，是中国青铜器发展的鼎盛时期。当时的青铜器以礼器、乐器、食器、酒器、水器、兵器、车马器为主。中国青铜器以独特的器形、精美的纹饰、典雅的铭文，向人们揭示了先秦的铸造工艺、文化水平和历史源流，因此被史学家称为“活生生的史书”。

中国的青铜器，主要有范铸法和失蜡法两种铸造工艺。范铸法出现在夏代，铸造工艺是：先用陶土制作不同的部件，这些部件在经过烧制处理后能够组合起来，形成一个内部有空腔的铸型，然后将金属溶液倒入铸型的空腔中冷却，除去内范和外范，再修整打磨，这件器物就完成了。失蜡法诞生于春秋时期，铸造工艺是：先用蜂蜡做成铸件模型，再用别的耐火材料填充泥芯、敷成外范，加热烘烤后，蜡模全部融化流失，整个铸件模型就变成了空壳，然后往内腔浇灌溶液，便铸成了器物。失蜡法出现晚，但技术更先进，得到的青铜器更加复杂和精美。

秦汉时期，铁器大量出现，青铜时代宣告结束。

国宝小档案

名　　称	晋侯苏钟
所属年代	西周
所属博物馆	山西博物院
出土地点	1992 年山西省曲沃县北赵村晋侯墓地 8 号墓出土
文物综述	晋侯苏钟因出土于晋侯“苏”的墓中而得名，这套编钟共有 16 件，是西周青铜器中的杰作。16 件青铜钟上共刻有铭文 355 字，完整讲述了晋侯苏在周厉王（一说周宣王）指挥下讨伐东夷的经过，这段铭文的宝贵之处在于它完整记录了年、月、记时词语和日名干支，是研究西周年代学的绝佳材料。

中医

中医具有完整的理论体系，草药之间的神奇组合，人体经脉的搏动和运转都与自然的大道相连，自古以来中国的医生一直在寻找其中的奥秘。

杏 林

三国时期，吴国候官县有个叫董奉的人，相传他会道术。有一个人，年轻时曾短期在候官县当官，他首次见到董奉，感觉董奉有四十多岁。五十多年后，这个人路过候官县，见共事过的人都老了，唯独董奉的容貌没有变化。他很奇怪，就问董奉："我已白发苍苍，你却比当年还年轻，你是不是得道了？"董奉回答："这是偶然的事。"

交州太守士燮（xiè）中毒，已经在生死边缘徘徊了三天。董奉听说后，就赶到死者家里，往死者嘴里放了三个药丸，又灌了些水，让药丸溶化。不一会儿，死者手脚似乎在动，脸上也有了活人的颜色，半天就能坐起来，四天后就能说话了。为了报答救命之恩，士燮盖了一座楼接待董奉，一日三餐请董奉吃干肉、枣和酒。董奉每次进餐都像鸟一样腾空入座，吃完了就飞走，人们根本无法察觉他什么时候来，什么时候离开。

过了一年多，董奉辞别。士燮哭着挽留也留不住，就问董奉要去什么地方，要不要租买一条大船。董奉说："我不要船，只要一口棺材就行了。"士燮就准备了一口棺材。第二天中午，董奉就死了，士燮便将他入棺安葬了。七天后，有人捎话给士燮，说董奉感谢他，望他多多珍重。士燮明白董奉没死，就到墓地打开棺材，见里面只有一块绸子。绸子的一面画着人形，另一面用朱砂画了道符。

后来，董奉回到庐山居住。他不种田，天天给人治病也不收一文钱。但他给人治病也有条件，就是重病痊愈的，要栽五棵杏树；轻症治好的，要栽一棵杏树。多年过去，那里有了十万多棵杏树，成了一大片杏林。

杏子成熟后，他在杏林里用草盖了一间仓库，并告诉人们，想要买杏的不用告诉他，只要拿一罐粮食倒进仓库，就可以装一罐杏子走。曾经有个人拿了很少的粮食，却装了很多杏，杏林中一群老虎突然吼叫着追出来，那人急忙抱着罐子惊慌逃命，罐里的杏子撒了一路，到家一看，剩下的杏正好和送去的粮食一样多。董奉每年把卖杏得来的粮食，全部用于救济穷人和在外赶路缺少路费的人，一年能散发出去两万斛粮食。相传董奉在人间生活了三百多年才仙去，容貌仍像三十多岁的人。

杏林：根据董奉的传说，医生都自称“杏林中人”。久而久之，“杏林”就成了中医的代称。

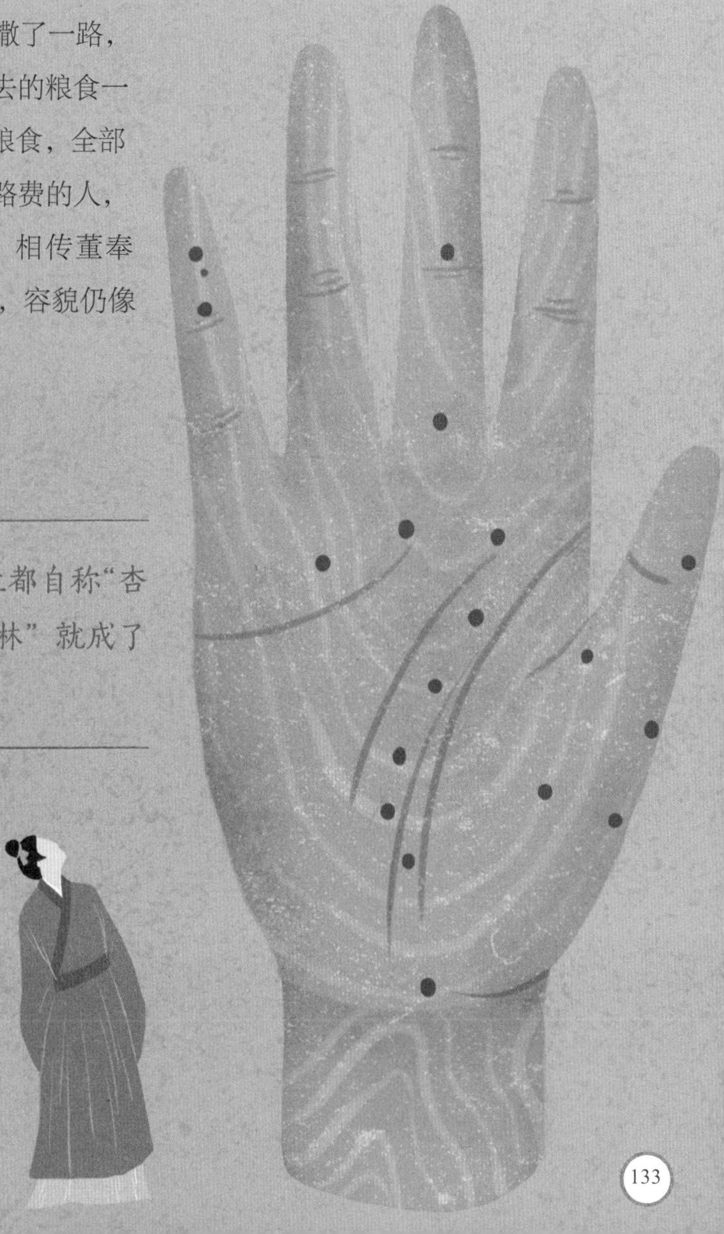

原文

后杏子大熟，于林中作一草仓，示时人曰：“欲买杏者，不须报奉，但将谷一器置仓中，即自往取一器杏去。”常有人置谷来少，而取杏去多者，林中群虎出吼逐之，大怖，急挈杏走，路傍倾覆，至家量杏，一如谷多少。或有人偷杏者，虎逐之到家，啮至死。家人知其偷杏，乃送还奉，叩头谢过，乃却使活。

——《神仙传·董奉》

译文

等到杏子熟透，董奉就在树林里用草搭了一个仓库，他对众人说：“想买杏子的，不需要告诉我，只要拿个容器盛稻谷来，放到仓库里，就可以自己去摘一筐杏子带走。”曾经有一个人，放的稻谷少但取的杏子多，树林里一群老虎就冲出来，吼叫着追赶那个人，那人十分害怕，急忙拿着杏子逃走，一路上杏子撒一地，到家再量杏子，发现跟送去的稻谷一样多。有时有人偷杏，老虎会一直追到偷杏人家里，直到把他咬死。那家人知道他偷了杏子，就把杏子送还给董奉，并磕头道歉，于是董奉就又让那人活了过来。

哲思一问

古代很多行业都有自己的代称或者别称，比如中医行业被称为杏林，你知道还有哪些行业有代称和别称呢？

艾条

《黄帝内经》

中医在华夏大地存在数千年，留下的中医典籍不计其数，人们所耳熟能详的就有《伤寒杂病论》《本草纲目》《神农本草经》《难经》等。其中《黄帝内经》是中医典籍中现存最早、影响最大的一部医书，被后世尊为“医家之宗”。

《黄帝内经》是一本经典的综合性医书，大概成书于战国至秦汉时期，全书分为《素问》和《灵枢》两部分，共计162篇。《素问》着重论述了脏腑、经络、病因、诊法以及针灸等内容；《灵枢》除了论述以上内容外，在经络腧穴，针具、刺法及治疗原则等方面也有强调。

《黄帝内经》涉及生理学、病理学、诊断学、治疗学等多个方面，提出了“天人合一”的整体理念。除此之外，还提倡预防为主，顺应自然规律的养生观念，这些理念对现代医学和健康保健具有重要的指导意义。

药钵

药篓

中医

醫：医是治病的人。字体中的酉指酒，古人也会用酒作为治病的药物。

中医，是有别于西医的一个独立的医学体系，是中国对人类健康的一大贡献。

中医以阴阳五行作为理论基础，将人体看成气、形、神的统一体，通过“望闻问切”四诊法，探求病因、病性、病位，分析人体内五脏六腑、经络关节、气血津液的变化，判断邪正消长，进而得出病名，归纳出病位类型，然后制定“汗、吐、下、和、温、清、补、消”等治疗方法，使用中药、针灸、推拿、按摩、拔罐、食疗等治疗手段，使人体达到阴阳调和，进而实现康复。

中医诞生于原始社会，春秋战国时期中医理论已基本形成。西汉时期出现的《黄帝内经》，是中国最早的医学典籍。东汉医学家张仲景写出了《伤寒杂病论》，被尊为“医圣”。唐代医学家孙思邈收集了 5000 多个药方，并能辨证治疗，被尊为“药王”。明代李时珍所写的《本草纲目》，收集了 11096 个药方、1892 种药物，是名副其实的东方药物巨典。

中医对汉文化圈国家影响深远，如日本医学、韩医学、朝鲜高丽医学、越南东医学，都是以中医为基础发展起来的。

随着西医进入中国，中医的发展一度受到强烈冲击。但直到今天，中医在我国仍是治疗常见疾病的主要方法。而用中西医结合的方法治疗慢性病和传染病，是被实践证明了的较为有效的方法。

国宝小档案

名　　称	鎏金鹦鹉纹提梁银罐
所属年代	唐代
所属博物馆	陕西历史博物馆
出土地点	1970年10月发掘于陕西省西安市南郊何家村唐代窖藏
文物综述	鎏金鹦鹉纹提梁银罐采用纯银捶击而成，表面的鹦鹉纹饰栩栩如生，细节精致，展现了匠人的高超技艺。银罐盖内有两行墨书：“紫英五十两”“白英十二两”。紫英和白英是炼丹的重要原料，古人认为用金银器盛放炼丹药物可以提升丹药的药效。因此，推断这件银罐是专门用于储存炼丹药物的。这件文物不仅将艺术性和实用性完美结合，还为研究当时的医药史提供了宝贵的资料。

兵马俑

兵马俑是世界上最壮观的陪葬坑之一，通过兵马俑人们至今仍旧可以目睹当年秦国铁甲雄师横扫六国的风采。

制止殉葬

春秋时期，齐国有一个叫陈子车的大夫，得病死在了卫国。他的妻子和管家打算用活人为他殉葬，并且已经选好了为他殉葬的人。用活人殉葬，在今天看来是难以想象的野蛮行为，但古代一些权贵是赞同的。在他们看来，人死后灵魂还在阴间活着，因此希望像生前一样，得到妻妾或仆人的照顾，便指定这些人陪着自己进入坟墓。

这时，他的弟弟陈子亢前来奔丧，嫂子和管家就把用活人殉葬的计划告诉了他。嫂子一边流泪，一边对陈子亢说："你哥有病在身，如今客死他乡，我担心他在地下无人照顾，所以我和管家决定，派几个既勤快又贴心的人到地下服侍你哥。"

陈子亢是孔子的学生，一直跟随老师学习。他明白，即使用人俑殉葬，也是违背人之常情的陋习，更何况用活人殉葬这种惨无人道的恶行呢。更可气的是，这种事居然发生在自己家里，如果任凭嫂子做主，用活人为死人陪葬，陈家岂不遭人唾骂，自己又有什么脸面去见老师呢？

于是，陈子亢毫不犹豫地亮明了自己的态度："用活人殉葬是不合礼制的！"见嫂子和管家坚持先前的计划，陈子亢若有所思，然后说："我哥有病，的确需要人照顾，我也很关心哥哥呀。"

嫂子和管家连忙点头。陈子亢扫了两人一眼，接着说："让活人到地下伺候哥哥不是不可以，只不过我对殉葬的人选不太满意。"

"你有人选吗？"嫂子问。

陈子亢一板一眼地回答："要论悉心照料得病的哥哥，让大家都放心和认可，有谁比他的妻子和管家更合适呢？"

听到这里，嫂子和管家大惊失色，冷汗直冒。

陈子亢见自己掌控了局面，便轻描淡写地说："当然，若是不用活人殉葬，那倒是符合我的想法。若是你们坚持用活人殉葬，我想只有你们二人最适合殉葬了。"

嫂子和管家见搬起石头砸了自己的脚，连忙认可了陈子亢的意见。于是，陈子车的葬礼上，就没有用活人殉葬。

原文

陈子车死于卫。其妻与其家大夫谋以殉葬，定而后陈子亢至。以告曰："夫子疾，莫养于下，请以殉葬。"子亢曰："以殉葬非礼也。虽然，则彼疾当养者，孰若妻与宰？得已，则吾欲已。不得已，则吾欲以二子者之为之也。"于是弗果用。

——《礼记·檀弓》

译文

陈子车死在卫国，他的妻子和家臣谋划用活人殉葬，定下人选后子车的弟弟子亢来了，二人告诉他说："夫子有病，他在地下没人伺候奉养，请求用活人殉葬。"子亢说："用活人殉葬，不符合礼制。虽然是这样，但一定要用活人殉葬，他生病能够照料奉养的，哪有比妻子和家臣更合适的呢？如果能阻止这件事，我愿阻止；如果不能阻止，我想就用二位来为他殉葬。"于是就不用活人殉葬了。

哲思一问

大家觉得古代君王为什么会大兴土木修建陵墓？

《礼记》

《礼记》，是一部儒家经典，也是一部古代文化的百科全书。书中所说的“礼”，不仅包含先秦和汉代的吉礼、凶礼、军礼、宾礼、嘉礼，还包括一切文化现象和行为准则。大到国家和社会层面的授爵、祭祀、朝觐、刑政、军事、宗法、教育、养老，小到日常生活中的言语、服饰、饮食、洒扫、进退之法，书中都有明明白白的规定。

《中庸》《大学》是其中的重要篇目。“苛政猛于虎”的故事，就出自本书。书中还有大量的名言警句，如“无征不信”“教学相长”“瑕不掩瑜”“大道之行也，天下为公”“凡事预则立，不预则废”“玉不琢，不成器；人不学，不知道”。本书与《周礼》《仪礼》合称“三礼”，还是儒家“五经”之一，也是科举考试的内容。

兵马俑

俑：俑指殉葬用的木制或陶制的偶人。

用活人陪葬，叫人殉。现今看起来这样恶劣的事儿，最早发生在几千年前的夏商时期。当时的社会是奴隶社会，富人称奴隶主，穷人叫奴隶。奴隶主生前，奴隶是其附属品；奴隶主死后，奴隶是其陪葬品。后来的周朝，吸取了夏商时期无视生命的教训，创立了周礼，废止了人殉制度。

不用活人陪葬了，那用什么陪葬呢？当时一些人，用泥巴、木头、石头做成人像用来陪葬，这种人像被称为“俑”。春秋战国时期，普遍用陶俑、木俑、石像等代替人殉。和人殉比较起来，用俑陪葬算是一大进步了。即使这样，教育家孔子仍然坚决反对使用这种模拟人形的俑殉葬，担心有了俑殉，会再度出现人殉，因此他说：“始作俑者，其无后乎！”意思是，开始用俑来殉葬的人，该会没有后代留下吧。从此，人们便用“始作俑者”比喻恶劣风气的发起者。

秦兵马俑，就是以俑葬代替人殉的典型。秦始皇陵一、二、三号兵马俑坑内，共埋藏有 8000 多件陶俑、陶马，形体高大，酷似真人、真马。众多的战车、骑兵和步兵俑按照一定的队形排列，再现了军容严整、兵强马壮的秦朝军阵。1987年，秦始皇陵及兵马俑坑被列入了《世界遗产名录》，被誉为“世界第八大奇迹”，成为中国古代辉煌文明的一张金字名片。

国宝小档案

名　　称	秦跪射俑
所属年代	秦
所属博物馆	秦始皇帝陵博物院
出土地点	陕西省西安市临潼区城东6公里的西杨村南
文物综述	秦跪射俑，东汉击鼓说唱俑的时代前辈，同样以其形象的逼真与动态的传神，让历史的尘埃飞扬。这尊俑身着战时盔甲，神情专注，仿佛下一刻箭矢就要穿云裂石，射向敌阵。它不仅是秦军军力的象征，更是那个时代技艺与艺术的完美结合。在秦始皇帝陵博物院的静谧中，它让我们窥见了秦朝的军事风貌，感受到了那铁血与荣耀并存的岁月。

长城

世界上没有任何一项工程像长城一样，能够绵延数千公里，并且修建时间持续2000年。在古代，长城是农耕与游牧的分界线，而在今天，长城则是华夏民族的精神脊梁。

自毁长城

在历史上战争最频繁、死人最多的南北朝时期，高平郡金乡县（今山东省济宁市金乡县）出了一个名叫檀道济的人。小时候，他就在父亲的葬礼上表现得很懂礼数，与姐姐、哥哥相处得也很融洽，是个懂事的好孩子。长大后，他参加了刘裕起义，为刘裕建立刘宋王朝立了大功，后被封为侯。刘裕北伐时，任命他为前锋，一路上攻城略地，势如破竹，一下子俘获了四千多人。有人提议把俘虏全部杀掉，堆成高台，用来震慑敌人。而檀道济却把这些百姓出身的俘虏统统放回了家。这样一来，北方少数民族都很感激他，很多部族主动跑来归顺。

刘裕死后，刘义隆继位，公开把檀道济提拔为征北将军。但私下里，皇帝却对他很不放心，因为他在前朝立过大功，名气太大，威望太高，手下将领个个身经百战，几个儿子也很有才气，实在有些可怕呀。而且，这个皇帝是个病秧子，于是他的弟弟——亲王刘义康提醒他，一旦驾崩了，谁能控制檀道济呢？435年，宋文帝刘义隆病重，派人把檀道济叫到京城，将他软禁起来。第二年春天，皇帝的病突然好了，就放檀道济回驻地镇守，檀道济已经下了船，恰好宋文帝的病又发作了，刘义康便重新召回檀道济，将他逮捕，并把他的儿子檀植等十一人全部杀害，仅仅饶恕了他年幼的孙子。同时，杀死了司空参军薛彤、高进之，这两个人都是檀道济的心腹大将，勇猛善战，被人们比作关羽和张飞。檀道济被抓时，把头巾狠狠摔在地上，愤怒地说："你们这是在自毁万里长城啊！"

当时，与刘宋对峙的北方政权叫北魏。北魏人听到檀道济被杀的消息，高兴地说："檀道济一死，南方小儿就不值得忌惮了。"后来，宋文帝被儿子刺杀，刘宋政权也只维持了五十九年。

从此，人们用"长城"比喻国家的栋梁之材或骁勇善战的军队。

自毁长城：比喻自己毁掉了自己的事业或赖以依靠的重要力量。

原文

十二年，上疾笃，会北魏为边寇，召道济入朝。十三年春，将遣道济还镇，已下船矣，会上疾动，召入祖道，收付廷尉。薛彤、进之并道济腹心，有勇力，时以比张飞、关羽。初，道济见收，脱帻投地曰：“乃复坏汝万里之长城！”

——《宋书·檀道济列传》

译文

元嘉十二年，皇帝病得很厉害，适逢北魏侵犯边境，便召檀道济入朝。十三年春天，皇帝打算派遣檀道济回去镇守，檀道济已经动身下了船，恰好皇帝的病又发作，于是召回檀道济，以祭祀路神为他设宴送行之名，趁机将他逮捕入狱。薛彤、高进之都是檀道济的心腹干将，有胆量和勇力，被当时的人比作张飞、关羽。一开始，檀道济被捕时，脱下头巾掷在地上，说：“这是又一次毁掉你自己的万里长城啊！”

哲思一问

大家觉得不同时期的古代中国人为什么如此热衷于修筑长城？

《宋书》

它是关于南朝刘宋政权的纪传体史书，是“二十四史”之一。记载了从刘裕起家到刘宋政权灭亡共59年的历史。全书100卷，在南朝各史中规模最大，史料最丰富。本书在反映社会、政治、经济现状之余，谈到了魏晋以来文学的发展和演变，还记录了许多汉魏乐府诗篇。“白面书生”“背公向私”“拔丛出类”“坚壁清野”“疾风知劲草，严霜识贞木”“不痴不聋，不成姑公”等成语和警句，都出自本书。

本书的主编沈约，是南朝文坛领袖，著名的史学家、文学家，因为劝说齐和帝萧宝融将王位禅让给萧衍有功，成为梁国开国功臣。他精通音律，与周颙等人创立了四声八病说。他和周颙的诗被称为“永明体”，是一种强调音韵格律的诗体。他还是一个多产作家，先后著有《晋书》《宋书》《齐纪》《梁武帝本纪》等书。在当时，风头几乎让他一个人占尽了。

长城

城：城用来盛受容纳臣民。古代指都邑四周用作防守的高墙，里面的叫城，外面的叫郭。

两千多年以前，中国西北部和北部的草原上，因为降水量少，只能放牧，那里的主体居民是牧民，建有许多游牧政权；中国东南部，因为降水量多，适合种田，那里的主体居民是农民，建有许多诸侯国。后来，中原的第一位皇帝——秦始皇，为了避免北部的游牧民族与自己争夺资源，便打算修一道城墙，把游牧民族关在外头。

然而，在漫长的边境线上修一道城墙，可不是一件容易的事儿。好在，以前的秦、赵、燕三国，都在北部边境修筑了防备胡人骚扰的城墙。把三国古城墙连在一起，不就可以了吗？

秦始皇就是这样做的。从公元前 214 年开始，秦始皇安排大儿子扶苏和大将蒙恬，调集了几十万军民，用了 9 年时间，把秦、赵、燕古城墙连成一体，重新加固并加以延长，筑成了一条西起临洮（今甘肃岷县），东到辽东（今朝鲜平壤西北海滨）的城墙。这道长长的城墙就像一条巨龙，盘卧在巍峨的群山之上。

随后，凡是统治中原的王朝，都要组织人力物力修缮长城，其中要数明朝的修缮规模最大，如今我们看到的西起嘉峪关，东到山海关的长城，就是“明长城”。

但是，长城最终也没有挡住游牧民族进入中原的步伐。到了 17 世纪，东北的少数民族满族打进了山海关，占领了北京，取代明朝统治中国。自此，长城自然就失去了军事功能。长城的军事功能虽然消失了，但它的文化精神作用却在不断强化，被认为是中国的象征。

国宝小档案

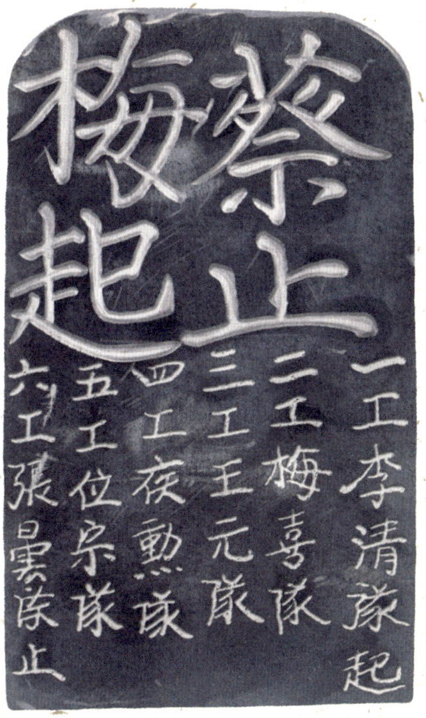

名　　称	长城工牌
所属年代	明代
所属博物馆	嘉峪关长城博物馆
出土地点	嘉峪关关城到石关峡段长城的城墙顶部夯土中
文物综述	长城工牌，明代工匠身份的凭证，铁制，见证了历史的沧桑。每一枚工牌都刻有独特编号，映射出当时严谨的劳动管理与身份制度。它们不仅标识了工匠的身份，而且记录了长城建造过程中的人文历史。这些工牌如今安置于嘉峪关长城博物馆，成为连接过去与现在的桥梁，让我们得以一窥明代长城建设的雄伟景象，感受那一时代工匠的智慧与辛劳。

莫高窟

敦煌虽然远在边陲，但是在历史上这里曾经是让中华文明火种得以存续的绿洲，并且作为一座文化桥梁在千年时光里担负起了融通东西的历史使命。

敦煌之子

张议潮，唐朝沙州（今甘肃敦煌）人，出生在当地的一个大户人家，父亲是唐朝高官。“安史之乱”爆发后，唐朝西域驻军进关平叛，西域和河西走廊被吐蕃占领。他出生时，家乡沙州已经陷落十八年。面对吐蕃人的压榨，当地各族民众日夜渴望回归大唐，他也暗中积蓄力量，时刻准备起义。

后来，吐蕃赞普遇刺身亡，吐蕃政权内部爆发冲突，河西走廊的吐蕃势力也分为两派。抓住时机，张议潮于公元 848 年率领名门望族和豪杰义士发动起义，一举占领了沙州。

为了及时向唐朝报捷，并确保表文送到长安，他派出十队使者，携带十份相同的表文，分十路赶赴长安。其中九队牺牲在途中，只有走东北道的一队在唐朝天德军的协助下，于两年后抵达长安。得到奏报，唐宣宗十分高兴，立刻下诏任命他为沙州防御使。

与此同时，张议潮以沙州为根据地，陆续收复了瓜、肃、甘、伊、西、兰、鄯、河、岷、廓十州。

公元 851 年，张议潮第二次派出使团，由哥哥张议潭率领二十九人入朝，献上了十一州图籍。为此，唐宣宗下诏，任命张议潮为节度使，负责管理河西地区。作为人质留在长安的张议潭也被封为金吾卫大将军。

时隔十年，张议潮派兵攻克吐蕃在河西的最后据点——凉州。至此，被吐蕃占领近百年的河西地区，重新回到大唐怀抱。

公元 867 年，张议潭在长安去世。听到消息，六十九岁的张议潮将归义军交给侄子——也就是哥哥张议潭的儿子张淮深，然后前往长安担当人质。我们很难想象，一位手握重权的古稀老人，能够急流勇退，甘心把大权交给别人，自己前往他乡过寄人篱下的日子。看遍历史，似乎只有张议潮。

入朝后五年后，他在长安与世长辞。

为了纪念他，侄子张淮深在莫高窟开凿了现今的第 156 号窟，绘制了《张议潮统军出行图》。这幅画场面宏大，结构严谨，线条简洁，是供养人画像中的旷世杰作。如果有机会去敦煌时，一定别忘了看看这幅壁画。

安史之乱：唐朝将领安禄山与史思明发动的叛乱，是唐朝由盛而衰的转折点。

原文

张义潮发兵略定其旁瓜、伊、西、甘、肃、兰、鄯、河、岷、廓十州，遣其兄义泽奉十一州图籍入见，于是河、湟之地尽入于唐。

——《资治通鉴·唐纪六十五》

译文

张义潮（也作张议潮）出军扫荡旁边的瓜州、伊州、西州、甘州、肃州、兰州、鄯州、河州、岷州、廓州总共十州。派他的哥哥张义泽（也作张议潭）携带十一州地图及重要档案，前往京师觐见，于是河湟地区的土地全数回归唐朝版图。

哲思一问

大家觉得为什么地处西部内陆的莫高窟能成为中西方文化的交汇地？

《资治通鉴》

全书294卷，300多万字，《资治通鉴》是一部规模庞大的编年体通史。它以时间为纲，以事件为目，从公元前403年写起，到公元959年截止，涵盖了16个朝代1362年的历史。本书的内容，以政治、军事和民族关系为主，兼顾了经济、文化和历史人物评价，目的是通过对事关国家盛衰、民族兴亡的政策和措施的描述，来警示后人，供统治者鉴诫。

本书的主编是北宋文学家、史学家、政治家司马光，协助编修者是刘恕、刘攽、范祖禹。这个一主三辅的编修团队，用了19年时间方才完成这一长篇巨著。这期间，司马光带头反对王安石变法，离开朝廷隐居洛阳长达15年，因此有充足的时间对本书精心定稿，统一修辞，从而使得全书文字优美，叙事生动，思想深邃，且有很高的文学价值，与《史记》并列为中国古代两大优秀史书。

高：高，崇高，楼台观阁高耸的样子，大多与高大或建筑有关。

莫高窟

敦煌，位于河西走廊的最西端，是陆上丝绸之路的一个重镇，也是佛教从西域传入中原的第一站。

敦煌城东南25公里处，有一条大泉河，河边是高高的鸣沙山。公元366年，乐僔和尚看上了这个地方，然后在鸣沙山东麓的崖壁上开凿了第一个佛教洞窟。从他开始，一直到元代，人们在这片刀削斧劈的断崖上，营造了上千个洞窟。这一佛教圣地，被称为莫高窟，也叫千佛洞。

元代以后，持续的战乱导致丝路受阻，造窟运动被迫停止。

后来不知从什么途径，西方文物贩子知道了东方有个千佛洞。清朝年间，一批批欧美探险家偷偷摸进莫高窟，不仅骗走了藏经洞里的佛经、佛像，而且粗暴地把部分敦煌壁画用胶布粘下来带走，莫高窟受到严重破坏。

好在莫高窟没有被全部偷光。如今，这里仍保存着735个洞窟，45000平方米壁画，2400多个彩塑。整个石窟全长1600米，有上下五层，南区是礼佛活动的场所，北区是僧人和工匠居住的地方。其中最辉煌的，当数壁画。壁画内容分为佛像画、故事画、经变画、山水画、动物画、佛教史迹画、神话题材画、装饰图案画多种，壁画上那些神态逼真、含笑自如的菩萨，婀娜多姿、翩翩起舞的仙女，姿态妩媚、凌空翱翔的飞天，无不令人心醉神迷。

国宝小档案

名　　称	张骞出使西域图
所属年代	唐
所属博物馆	敦煌博物院
出土地点	莫高窟第323窟
文物综述	《张骞出使西域图》是初唐时期的壁画，位于敦煌莫高窟第323窟。这幅壁画生动描绘了张骞出使西域的历史场景，展现了丝绸之路上的文化交流与商贸往来。壁画中的人物形象栩栩如生，细节处理精细，色彩鲜明，反映了初唐时期的绘画艺术和审美风格。

赵州桥

赵州桥是中国古代最著名的石桥之一，1400多年的历史，50米的长度，开创性的敞肩式石拱桥设计，都是同时代人类桥梁史中的典范。

据水断桥

那是东汉末年，到处烽烟滚滚。河北涿郡（今河北涿县）出了一员猛将，名叫张飞，字翼德。他和关羽加入了刘备的义勇军。刘备、关羽、张飞睡觉同床，吃饭同桌，感情好得就像亲兄弟一样。一开始，刘备跟着军阀曹操对抗吕布。后来，曹操自任司空，执掌了朝政，汉献帝不甘心受制于曹操，私下给了刘备一道诏书，要求他联合几位大臣除掉曹操。这件事不幸泄露，刘备只能带着队伍南逃，辗转投奔了占据荆州的刘表，驻扎在新野（今河南新野县）。

公元 208 年，自任丞相的曹操带兵南下攻打荆州，刘表病死，刘表的接班人刘琮（刘表的二儿子）向曹操投降。刘备听到消息，赶紧带着十余万百姓向江陵（今属湖北）撤退。曹操怕江陵落入刘备手中，便亲自率领五千名骑兵，狂奔了三百里，在当阳的长坂（今湖北当阳市东北）追上了刘备。刘备被击败，儿子刘禅被冲散，大将赵云也不见了。为了保命，刘备与诸葛亮一起南逃，留下张飞率领二十名骑兵断后。

长坂有一条河，河上有一座桥。张飞拆去桥梁，据守在河边，瞪着一双虎眼，横握着长矛，对着追来的曹军大喊：“我就是张翼德，谁来与我决一死战？”虽然张飞身边军人不多，但曹军将士都知道张飞勇猛过人，因此没人敢于靠近，刘备得以顺利逃走。

有人对刘备造谣：“赵云已经向北逃走了。”刘备把手戟掷向那个人，说：“赵云不会丢下我逃走的。”过了一会儿，赵云抱着刘禅赶了上来，正巧遇到从水路赶来接应的关羽。他们渡过沔水以后，又遇到了带领大军赶来救援的刘琦（刘表的大儿子）。接下来，刘备的军队去了刘琦驻扎的夏口（今湖北武汉市境内），才算是安全了。

原文

张飞将二十骑拒后。飞据水断桥，瞋目横矛曰："身是张翼德也，可来共决死。"操兵无敢近者。或谓备："赵云已北走。"备以手戟擿之曰："子龙不弃我走也。"顷之，云身抱备子禅与关羽船会，得济沔，遇刘琦众万余人，与俱到夏口。

——《通鉴纪事本末·刘备据蜀》

译文

张飞率领二十名骑兵断后。张飞据守河边，拆毁桥梁，怒目而视，手持长矛，大喊："我就是张翼德，谁来与我决一死战？"曹操的将士没人敢前去。有人对刘备说："赵云已经向北逃走了。"刘备将手戟掷向那个人，说："子龙（赵云字子龙）不会丢下我逃走的。"过了一会儿，赵云果然抱着刘备的儿子刘禅赶来，与关羽在船上汇合。刘备和部下得以渡过沔水（今汉水），半路上遇到刘琦的部众一万多人，大家一起到达了夏口才算是安全了。

哲思一问

大家知道为什么赵州桥能够历经一千多年，承受上百次洪水，依然屹立不倒吗？

《徐霞客游记》

赵州桥自建成距今约有 1400 年，迄今世界上现存最古老的石拱桥，有人誉其为“天下第一桥”。赵州桥的特点是“敞肩式”，即在大拱的两肩上再辟小拱。除赵州桥外，中国古代各个地区还有许多造型各异、风格独特的桥梁。徐霞客在《徐霞客游记》中便详细描写了各地桥梁。例如，他在《黔游日记二》这样描述盘江铁索桥：“用大铁链作为桥身，系在东西两头的山崖上，再用木板横铺在铁链上，远远望过去铁索桥在空中飘飘荡荡，但是踩在桥上却又岿然不动。”另外还有云南激流之上的石拱桥、浙江用巨木架设起来的数十丈的木桥、山区中的竹桥等。

徐霞客以细腻的笔触，记录了散落于华夏大地的各式桥梁，展现了中国古代桥梁建筑令人惊叹的多样性与技术水平。跨水为虹，卧波成链，桥梁不仅是实用的交通工具，更是文明中华文化的载体，见证了不同地区思想、风俗、物产的碰撞与融合，体现了中国先民顺应自然、改造自然的智慧。

赵州桥

橋：桥梁两字联用，梁由木、水会合而成，用木跨水为桥。

中国的石桥，大多集中在江南。在那里，小河是古琴，石桥是琴弓，到处可见小桥流水、亭台楼阁。但是，中国最著名的石桥，并不在江南，而是在今天的河北赵县。

因为赵县古代叫赵州，所以这座桥叫赵州桥，还叫安济桥。它是一座单孔桥，全长 50.82 米，跨度 37.37 米，宽 9.6 米，是我国现存年代最早的石拱桥。

赵州桥建成于隋代，由著名工匠李春主持建造。赵州桥的形状，不同于以往的半圆形石拱桥，而是用了一种相对平缓的弧形，不仅有利于交通，而且受力更加合理。赵州桥还在大拱的两肩上对称地设了四个小拱，开创了世界首例敞肩式石拱桥样式，不仅减轻了拱桥的重量，而且提高了泄洪能力，还增加了外形的美感。桥两侧的栏杆和柱子，雕刻着千姿百态的龙和狮子，刀法苍劲，栩栩如生，展现了隋代高超的石刻艺术。赵州桥的设计非常巧妙，用材非常讲究，施工质量非常高，这在石拱桥中是十分罕见的。

1400 多年过去了，赵州桥仍固若金汤，并经受住了几百次洪水和多次地震的考验。读到这里，你是否惊叹当年的设计者和建设者的才能？

国宝小档案

名　　称	安济桥石栏板
所属年代	隋朝
所属博物馆	中国国家博物馆
出土地点	1953 年河北省赵县出土
文物综述	安济桥石栏板是隋朝时期赵州桥的一部分，这座桥是世界上现存最古老的开孔式石拱桥。石栏板上刻有精美的图案，展示了隋朝石雕艺术的高超技艺。作为中国古代桥梁建筑的典范，赵州桥不仅在工程技术上具有划时代的意义，其石栏板的艺术价值也同样不可估量。

大运河

修建大运河，与其说是一项工程，不如说它是古代统治者进行农业生产和国家治理的一项重大策略。物流、漕运以及农业灌溉，这条运河对于古代中国意义非凡。

夫差开挖运河

春秋末年，诸侯争霸。中原地区，齐国、晋国实力最强；江南地区，吴国最为强大。吴王夫差也想领兵北上，争当中原霸主，但通往中原的路上河网密布，靠车马运输军用物资比较困难，而水路运输是最省钱、最顺畅的方案。于是，公元前 486 年，夫差命人开凿扬州到淮安的邗（hán）沟，第一次让长江以南的国家能够北上与中原诸侯争霸。

后来，夫差带兵从邗沟北上，在今山东莱芜的艾陵大败齐国军队。

《国语》记载，公元前 484 年，夫差准备与晋定公在黄池（今河南封丘县）举行结盟仪式，确认自己的霸主地位。当时的夫差已经膨胀到了极点，为了乘船去黄池，他居然征调民工，在商（中心在今河南商丘）、鲁（中心在今山东曲阜）之间，继续开通了一条人工运河。因为水源来自菏泽，这条运河被称为菏水。

为了攻打齐国而开挖邗沟就够劳民伤财了，为了参加一次会盟，就再次征调民工开挖一条运河，这种出格的事儿，也只有夫差能干得出来。

其实，中国历史上类似的君王并不少见，例如秦始皇为了防守匈奴，动用几十万军民修筑了万里长城；隋炀帝为了解决攻打高句丽的军粮问题，强征几百万民工开凿了京杭大运河。值得深思的是，这些出于纯粹的战争目

的，或者为了显示国威而修筑的工程，不仅造成国力衰竭，而且引发了强烈的民怨。

夫差命人开辟的菏水同样如此，它沟通了淮河的支流泗水和上游紧邻黄河的济水，首次将淮河流域与中原联系起来，成为有利于地方发展和人民生活的水利工程。处在济水和菏水交汇处的陶（今山东定陶县），就成了水上交通枢纽和南北货物的集散地。后来，越国大臣范蠡（lǐ）下野后，就定居在这里经商，成了富甲一方的大商人。

对于这两条运河，《水经注》里有明确的记载，但作者郦道元认为《国语》的记载有误，菏水不是夫差开掘的。

邗沟：公元前 486 年，夫差在修建邗城的同时，从邗城向北开挖了一条运河，将长江和淮河连在一起。这条运河史称邗沟，是我国第一条人工运河。

原文

延之盖以《国语》云：吴王夫差起师，将北会黄池，掘沟于商、鲁之间，北属之沂，西属于济。以是言之，故谓是水为吴王所掘，非也。余以水路求之，止有泗川耳。盖北达沂西，北迳于商、鲁而接于济，吴所浚广耳。非谓起自东北受沂西南注济也。

——《水经注》

译文

戴延之大概是根据《国语》所说的："吴王夫差起兵，将北上黄池参加诸侯会盟，在商、鲁之间开掘沟渠，北面与沂水连接，西面通到济水。"凭着这点记载，就说这条沟渠是吴王开掘的，其实这种说法是不对的。我根据水路探察，此处只有泗水。北通沂水，西北流经商、鲁而与济水相接的就是泗水。吴王只是疏浚过，并拓宽了水道，不是说从东北起开掘，引入沂水，西南流注于济水。

哲思一问

大家觉得隋炀帝修建大运河到底是祸国殃民的暴政，还是利国利民的好事？

《水经注》

早在汉魏时期，就出现了一部记载河流的专著《水经》。全文共40卷的《水经注》将《水经》中的137条补充扩展为1252条；书中的地域范围，从中国，扩张到今印度、中南半岛和朝鲜半岛；记述的时间，上起先秦，下到南北朝，跨度近2000多年；地理内容既有自然地理、山川胜景、地质灾害等，又有历史沿革、风俗习惯、神话故事等，可以说是中国在公元6世纪的一部地理百科全书。

本书作者郦道元，少年时代就喜欢旅游，做官后更加频繁地到各地巡游，每到一个地方，除了参观名胜古迹，还用心勘察水流地势及相关情况。他发现，《山海经》过于荒诞庞杂，《汉书·地理志》并不详细，而《水经》虽然是专门讲河流的书，但由于岁月变迁，有些河流已经改道，名称也变了，书中对大河的支流描写更少，而且没有记载水道以外的地理情况。于是，他下决心以《水经》为纲，详细描述全国河流，最终写成了《水经注》一书。

大运河

河：古人认为河的源头是敦煌边塞之外的昆仑山，指的就是黄河。现在成为了水道的通称。

同学们，你坐过船吗？你可能在江里、河里、湖里、海里坐过船，很少有人在运河里坐过船。但是，古代从南方向北方运粮，一般都走大运河。就连皇帝下江南，都是乘船走大运河的。

大运河，南起余杭（今属浙江杭州），北到涿郡（治所在今北京市境内），经过浙江、江苏、河南、山东、河北、天津、北京，贯通海河、黄河、淮河、长江、钱塘江 5 大水系，以微山湖为主要水源，全长 1794 公里，是世界上里程最长、工程规模最大的运河。它是苏伊士运河的近 10 倍，是巴拿马运河的 20 多倍。

这条贯通南北的大运河，最早可以追溯到春秋时期的吴王夫差，他开凿的连接长江与淮河的运河，叫邗沟。到了隋代，隋炀帝强征几百万民工，开通了连接扬州、洛阳、涿郡的京杭大运河。到了元代，朝廷对大运河整修时，将从扬州到北京的大运河取直，不再绕道洛阳，这条运河比隋代运河缩短了 900 多公里。

大运河是我国南北水运大动脉，也是历代朝廷的官粮运输要道。但随着海上运输的兴盛，铁路和公路的发达，它的作用已经今非昔比。如今，国家实施了大运河国家文化公园工程，这一世界著名的水利工程正焕发新的生机。2014 年，大运河被列入了世界文化遗产名录。

国宝小档案

名　称	镇河铁犀
所属年代	明正统年间
所属博物馆	开封龙亭公园
出土地点	河南省开封市东北2公里许铁牛村
文物综述	镇河铁犀，明正统十一年（公元1446年）河南巡抚于谦所造，是古运河的守护神，形态似犀牛，有2米高的铁铸身躯。它不仅是古代民众对抗洪水的精神寄托，更是大运河辉煌历史的见证。

应县木塔

应县木塔是人类建筑史上的奇迹，这座67米高的全木质结构佛塔，在经历无数次自然灾害和战火洗礼之后，仍然在三晋大地上屹立近千年不倒。

张班与鲁班

《西游记》上说，玉帝封了孙悟空一个养马的小官——弼马温，孙悟空嫌官小，把天宫砸了。孙悟空大闹天宫，让玉帝很生气，安排托塔李天王下界缉拿这个不听话的猴子。怎奈李天王把事情给办砸了。听到消息后，玉帝进退两难，只得采纳太白金星的怀柔策略，给了孙悟空一个“齐天大圣”的空衔。

孙悟空很高兴，便跟着太白金星，驾起祥云，前往觐见玉帝。玉帝说：“孙悟空过来，今宣你做个齐天大圣，官品很高了，以后可不能胡来呀。”玉帝这一通安抚，大有既往不咎的意思。孙悟空心领神会，自然也要表一下态，便在朝上唱了个喏，谢了恩。

这齐天大圣的名头，虽说是个空衔，好歹也要有个府邸啊。只见那玉帝大手一挥，说：“我命令工干官张班、鲁班，在蟠桃园右首兴建一座齐天大圣府，内设二个司，一个叫安静司，一个叫宁神司。”玉帝的意思，就是要求他安心定志，不要再胡作非为了。

这里提到的鲁班，是指战国时期鲁国的一个著名工匠，号称木匠的祖师爷，一块木头都能制作成飞鸟，真的是巧夺天工。在《西游记》中，就连沙和尚的降妖宝杖，也是鲁班制作的。

这里的张班，原型可能是东汉天文学家张衡，他不仅发明了浑天仪和地动仪，还是一个著名的木匠，号称“木圣”。

为孙悟空建造府邸的张班、鲁班可不是作者吴承恩瞎编的，他们是传统土木工匠的行业祖师，他们所代表的工匠精神深刻影响了中国木质建筑的千年发展，而辽代应县木塔正是这种匠作智慧的巅峰体现。

张衡：中国东汉时期伟大的天文学家、数学家、发明家、地理学家、文学家。张衡在机械技术方面也非常高明，相传他曾发明了指南车、木雕、机械日历。

原文

玉帝即命工干官张、鲁二班在蟠桃园右首，起一座齐天大圣府，府内设个二司：一名安静司，一名宁神司。司俱有仙吏，左右扶持。又差五斗星君送悟空去到任，外赐御酒二瓶，金花十朵，着他安心定志，再勿胡为。

——《西游记·第四回》

译文

玉帝就命令工干官张班、鲁班两人在蟠桃园右首兴建一座齐天大圣府，内设两个司，一个叫安静司，一个叫宁神司。两司内都安排了仙吏，在孙悟空身边辅助他。另外又安排五斗星君送孙悟空到任命的岗位上去，还额外赐了两瓶御酒，十朵金花，希望他能安定下来，不要再胡作非为了。

哲思一问

大家觉得古代统治者为什么会支持修建那么多的寺庙和佛塔呢？

《西游记》

这是中国第一部浪漫主义章回体长篇神魔小说。小说以中国僧人到印度取经为线索，以唐代僧人玄奘（俗名陈祎）、悟空（俗名车奉朝），三国时期的僧人八戒（俗名朱士行）为原型，讲述了孙悟空在大闹天宫后，遇见了唐僧、猪八戒、沙僧和白龙马，然后一起到西天取经，一路上历经艰险，降妖除魔，克服了九九八十一难，到达西天见到如来佛祖，最终五圣成真的神话故事。

本书作者，是明代小说家吴承恩。他少年时就聪明伶俐，文采出众，但直到四十五岁才考上岁贡生，后来当了小小的县丞（相当于副县长）。文学向来是从政的伤口，仕途上的失意，却成就了一个文学巨匠。他从年轻时代开始，就想以玄奘到天竺（今印度）取经为蓝本，创作一部神话小说。这部书几乎耗费了他全部的精力，直到晚年辞官回乡后，他才完成了《西游记》。

塔：塔是西域传来的佛教特有的一种高耸建筑物，尖顶，多层。

应县木塔

我们到佛寺旅游时，会看到很多用石头、砖头垒的佛塔，你一定没见过用木头搭起来的佛塔吧？

在今山西北部的应县城外，就有一座高高的全木佛塔，它的名字叫佛宫寺释迦塔，又名应县木塔。

北宋时期，应县这一带归辽国管辖。1056 年，辽国为了笼络人心，在河北、山西一带大兴土木，建筑了一批寺庙和佛塔，应县木塔是其中的杰作。

木塔建在应县佛宫寺大殿前的中轴线上。从外面看，塔身是 5 层 6 檐，最下层是重檐，但 2 到 4 层在内部夹设了暗层，实际上这座塔是 9 层。木塔高 67.31 米，底层直径 30.27 米，建在 4 米高的石基上。木塔内外的八角形框架，不用一根铁钉，全靠斗拱、梁架互相拉结，就把整座建筑结合成了一个整体。

塔身底层向南开门，各层有木梯直通顶层。二层以上在周边设有平座栏杆，供游人凭栏远眺。

塔内明层均有塑佛像，其中最大的是一层 11 米高的释迦牟尼坐像。木塔各层外侧，还悬挂着大量的匾额和楹联，数量多得让人眼花缭乱。

近千年来，木塔经历了多次风暴和地震，刮也刮不倒，震也震不散，至今仍保存完好，巍然屹立，是国内外现存最古老、最高大的木塔。

国宝小档案

名　　称	神农采药图
所属年代	辽代
所属博物馆	山西省博物院
出土地点	1974 年于山西省应县佛宫寺木塔内发现
文物综述	神农采药图，辽代壁画珍品，绘于应县木塔内壁。图中神农形象生动，手持药锄，象征着古人对自然的探索与医药知识的追求。壁画以精细的线条和鲜明的色彩，展现了古人对医药文化的尊重与智慧。尽管历经岁月侵蚀，色彩斑驳，但神农形象依旧栩栩如生，跨越千年的智慧与勇气，至今仍激励着人们。

苏州园林

江南的富足支撑了苏州园林的繁荣，而苏州园林的兴盛又传承了古人天人合一的哲学思想。建筑与人的精神在园林里融合为一种道德理想，安居成为了一种生命的美学。

刘姥姥进大观园

说笑间，众人来到一个亭子里。贾母倚着柱子坐下，让刘姥姥坐在旁边，问她："这园子好不好？"刘姥姥一边念佛，一边说："我们乡下人到了过年的时候，都到城里买年画。平时闲了，大家都说，无论如何也得到画上去逛逛，可那年画都是假的。谁知我今天进这园子一瞧，竟比那年画还强十倍。如果有人照着这个园子画一张，我带回家去，给他们看看，就是死了也值了。"贾母便指着惜春，笑着说："我这个小孙女，她就会画，明天叫她画一张，可以吗？"刘姥姥听了，急忙喜滋滋地跑过来，拉着惜春说："姑娘，你年纪这么小，又长得这样漂亮，还这么能干，别是神仙托生的吧。"

歇了一会儿，贾母想让刘姥姥见识一下整个大观园，就先到了潇湘馆。一进门，只见两边翠竹夹路，土地上布满青苔，中间一条石子铺的羊肠小道。刘姥姥让出路来，给贾母和众人走，自己却走在土地上，琥珀拉着她说："姥姥，你上来走，小心青苔滑了。"刘姥姥说："没关系，我们走熟了的，姑娘们只管走罢，可惜你们那绣鞋，别沾上土弄脏了。"她只顾抬头说话，不小心脚下一滑，咕咚一跤跌倒。众人都拍着手哈哈笑起来，贾母笑骂道："小蹄子们，还不搀扶起来，只站着笑。"说话时，刘姥姥已爬了起来，自己也笑了，说道：“才说嘴就打了嘴。”

到了就餐的时候，等大伙儿坐好，贾母说了声“请”，刘姥姥便站起来，高声说：“老刘，老刘，食量大似牛，吃一个老母猪不抬头。”自己却鼓着腮不再说话，众人先是发怔，后来上上下下都哈哈大笑起来。史湘云撑不住，一口饭都喷了出来；林黛玉笑岔了气，扶着桌子哎哟；宝玉早滚到贾母怀里，贾母笑着搂着宝玉叫“心肝”；王夫人一边笑，一边用手指着凤姐儿，只是说不出话来；薛姨妈也撑不住，嘴里的茶喷了探春一裙子；探春手里的饭碗都扣在了迎春身上；惜春离了座位，拉着奶妈，说给她揉一揉肠子。在座的人没有一个不弯着腰笑，或蹲着笑的，唯有凤姐、鸳鸯二人撑着，还只管让刘姥姥吃菜。刘姥姥拿起筷子来，怎么也不听使唤，又说道：“这里的鸡儿也俊，下的这蛋也小巧，怪俊的，我得吃一个。”众人刚刚停住了笑，听见这话又笑起来。贾母笑得眼泪都出来了，说：“这一定是凤丫头这个鬼机灵闹的，快别信她的话了。”那刘姥姥正夸鸡蛋小巧，凤姐儿笑着说：“一两银子一个呢，你快尝尝吧，凉了就不好吃了。”刘姥姥便伸筷子去夹，哪里夹得起来？满碗里闹了一阵，好容易撮起一个来，刚刚伸着脖子要吃，偏又滑下来，滚到地下，忙放下筷子亲自去捡，早有人捡起来扔了。刘姥姥叹着气说：“一两银子，没听见响声儿就没了！”

原文

贾母倚柱坐下，命刘姥姥也坐在旁边，因问他：“这园子好不好？”刘姥姥念佛说道：“我们乡下人到了年下，都上城来买画儿贴，时常闲了，大家都说，怎么得也到画儿上去逛逛，想着那个画儿也不过是假的，那里有这个真地方呢，谁知我今儿进这园一瞧，竟比那画儿还强十倍，怎么得有人也照着这个园子画一张，我带了家去，给他们见见，死了也得好处。”贾母听说，便指着惜春笑道：“你瞧我这个小孙女儿，他就会画。等明儿叫他画一张如何？”刘姥姥听了，喜的忙跑过来，拉着惜春说道：“我的姑娘，你这么大年纪儿，又这么个好模样，还有这个能干，别是神仙托生的罢。”

贾母少歇一回，自然领着刘姥姥都见识见识，先到了潇湘馆。一进门，只见两边翠竹夹路，土地下苍苔布满，中间羊肠一条石子漫的路，刘姥姥让出路来与贾母众人走，自己却赾走土地，琥珀拉着他说道：“姥姥，你上来走，仔细苍苔滑了。”刘姥姥道：“不相干的，我们走熟了的，姑娘们只管走罢，可惜你们的那绣鞋，别沾脏了。”他只顾上头和人说话，不防底下果踩滑了，咕咚一跤跌倒。众人拍手都哈哈的笑起来，贾母笑骂道：“小蹄子们，还不搀起来，只站着笑。”说话时，刘姥姥已爬了起来，自己也笑了，说道：“才说嘴就打了嘴。”

——《红楼梦·第四十回》

哲思一问

大家觉得为什么南方园林和北方的宫殿、庄园在建筑风格上会有那么大的差别？

《红楼梦》

别名《石头记》，中国古代章回体长篇小说，中国古典四大名著之一。小说通行本共 120 回，研究者多认为前 80 回是曹雪芹所写，后 40 回是无名氏所写，整理者是程伟元、高鹗。小说以贾、史、王、薛四大家族的兴衰为背景，以公子贾宝玉为主角，以贾宝玉与林黛玉、薛宝钗的爱情悲剧为主线，描绘了闺阁佳人们的人生百态，展现了真正的人性美和悲剧美，是一部从多角度展现古代社会的史诗性著作。

作者曹雪芹，祖上是南京的贵族，到他这一代已经败落，他只能靠卖画维持生活，就差去要饭了。在饥寒交迫中，他以南京的繁华旧梦和自身的潦倒经历为蓝本，饱蘸着血泪写成了长篇白话小说《红楼梦》。《红楼梦》中贾府虽然设定在京中，但贾家原籍与作者曹雪芹籍贯一致都在南京。小说中专为元春归宁营建的大观园就具有江南特色，从粉墙、假山、草木到楹联匾额都深受苏州园林文化的影响。

园：园是用来种植果木的地方，现在是人们游玩、娱乐的公共场所。

苏州园林

南宋文学家范成大的《吴郡志》中有一句话流传了千年——“上有天堂，下有苏杭。”

苏州作为江南的代表，那里不仅有美丽的太湖，还有无数的古典私家园林。这些私家园林能欣赏，能游玩，能居住，美得就像诗和画一样。

苏州古典园林，主要是宋、元、明、清时期的私家园林，保存到现在的还有50多处。在目前对外开放的众多园林中，沧浪亭、狮子林、拙政园、留园名气最大，被誉为“苏州四大古典园林”。

苏州园林的造园手法是，在一个有限的空间里，垒出假山，引入流水，架上小桥，造出池塘，栽上花木，盖上亭、台、楼、阁，然后用匾额、楹联、书画、雕刻、石碑、家具和摆件，创造出山水花鸟的情趣和唐诗宋词的意境，在闹市中形成了一个别有洞天的微缩景观，使人不出家门就能获得小桥流水、曲径通幽、鸟语花香的乐趣。

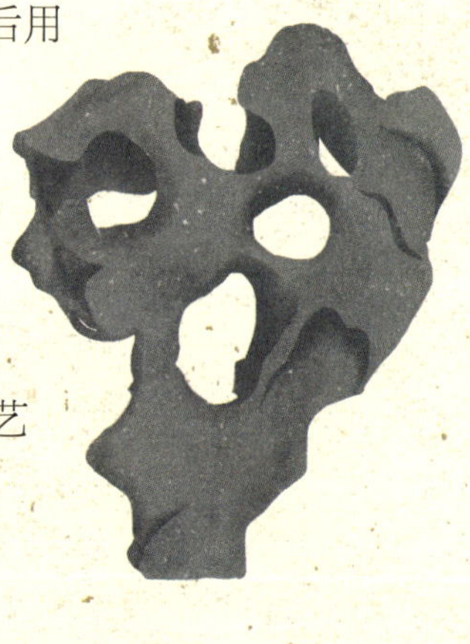

可以说，苏州园林把中国建筑、造园艺术、书法和雕刻艺术巧妙地组合在一起，是自然之美与建筑艺术美的完美结合。

国宝小档案

名称	《大观园图》横披
所属年代	清代
所属博物馆	中国国家博物馆
出土地点	非出土文物，为清代民间画工所作
文物综述	《大观园图》是一幅生动描绘了《红楼梦》中大观园景致与人物活动的精美画卷。此图纵137厘米，横362厘米，以纸本设色的形式，展现了蘅芜院、凸碧山庄等五处建筑及其背后的人物故事，共绘173人。画作不仅捕捉了《红楼梦》中的经典场景，还细腻地刻画了贾宝玉、林黛玉等主要人物的形象。

故宫

我们今天可以见到的是故宫六百年的风貌，与藏在宫殿和园林中的历史与文明。但是对于整个人类文明来说，故宫不仅是一处建筑遗迹，更是历史的见证。

紫禁城陷落

明朝的皇帝很奇怪，有胖得走不动的皇帝，有离开奶妈活不下去的皇帝，有一心当木匠的皇帝，也有几十年不上朝的皇帝。但末代皇帝朱由检并不是一个坏皇帝。

他上台时，关外有后金虎视眈眈，关内爆发灾民起义，形势十分危急。他一上台，就雷厉风行地除掉了以魏忠贤为首的奸党，朝野上下为之一振。他的优点是兢兢业业，艰苦朴素，是历史公认的敬业皇帝。但他也有缺点，正是这些看似不起眼的缺点，毁掉了他和他执政的大明。他疑心太重，结果中了敌人的反间计，敌人借他的手除掉了名将袁崇焕；他急于求成，不顾敌强我弱的形势，一再命令军队主动出击，导致名将孙传庭、卢象升、孙承宗战死，洪承畴被俘。到了后来，朝廷已经无将可用，而李自成、张献忠的农民军则呈现星火燎原之势。

崇祯十七年（1644 年）三月，李自成农民军逼近北京，大臣们建议皇帝迁都南京，但皇帝根本不予理睬。农民军几乎没有遇到什么抵抗，就攻克昌平，兵临紫禁城下。这时的朝廷，负责守城的几乎全是太监。太监曹化淳为了应付皇帝，让守军向城外发射空炮。明朝特务头子——东厂首领王德化也带领东厂的太监，打开德胜门迎接李自成。皇帝万念俱灰，在衣襟上写下遗诏，登上方岁山上吊自尽。太监王承恩也在旁边吊死了自己。选择自杀的，还有大臣范景文等几十人。这一天是三月十九日。同一天，李自成占领紫禁城，明朝灭亡。

当年四月，大清军队在山海关战胜李自成农民军。五月，大清军队开进紫禁城，以皇帝的规格为朱由检重新举行了葬礼，下令臣民为朱由检服丧三天，定谥号为庄烈皇帝，皇帝下葬的寝陵取名思陵。

紫禁城的建立： 明朝最初的皇宫坐落于当时的首都南京，朱棣发动靖难之役成为皇帝后，于1406年下诏兴建紫禁城，最终在1420年完工。明朝于建成第二年正式迁都北京，紫禁城至此开始成为明清两朝二十四位皇帝的皇宫。

历代都城以及王宫

◆ **秦朝**
咸阳
阿房宫

◆ **汉**
长安
未央宫

◆ **隋**
大兴（今西安）
长乐宫
未央宫

◆ **唐**
长安
大明宫

◆ **宋**
汴京（今开封）
大庆殿

◆ **明清**
北京
紫禁城

原文

己亥，李自成至宣府，监视太监杜勋降，巡抚都御史朱之冯等死之。癸卯，唐通、杜之秩降于自成，贼遂入关。甲辰，陷昌平。乙巳，贼犯京师，京营兵溃。丙午，日晡，外城陷。是夕，皇后周氏崩。丁未，昧爽，内城陷。帝崩于万岁山，王承恩从死。御书衣襟曰："朕凉德藐躬，上干天咎，然皆诸臣误朕。朕死无面目见祖宗，自去冠冕，以发覆面。任贼分裂，无伤百姓一人。"自大学士范景文而下死者数十人。

——《明史·庄烈帝本纪》

译文

十一日，李自成率兵到达宣府，宣府的监视太监杜勋投降。巡抚都御史朱之冯等人因此被杀。十五日，唐通、杜之秩向李自成投降，李自成于是挥师进入居庸关。十六日，李自成攻陷昌平。十七日，李自成开始攻打京师，京师守军全部溃败。十八日傍晚，京师外城陷落。当天夜里，周皇后自缢而死。十九日拂晓，内城陷落。大明庄烈帝吊死在万寿山，王承恩与皇帝一起吊死。皇帝死时衣襟里留有遗书，遗书写道："我因无德，触犯天怒，降下这场大灾，然而这都是各位大臣害了我。我死后无脸去见祖宗，自己脱掉冠帽，用头发盖住脸，任凭盗贼分裂，但不要伤害一个百姓。"自大学士范景文以下的官员，自杀的有几十人。

哲思一问

除了北京，大家还知道中国古代其他的朝代都分别定都在哪里吗？他们为什么要定都在不同的地方呢？

《明史》

《明史》是二十四史中的最后一部，是一部由清朝官方编修的纪传体断代史，记载了从明太祖朱元璋建国，到明思宗朱由检亡国共 276 年的历史。在二十四史中，《明史》以编纂得体、材料翔实、叙事稳妥、行文简洁受到史学家的赞誉，是一部水平较高的史书。本书从康熙执政时期开始编写，到乾隆上台后方才完成，时间长达 60 年，是中国历史上官修史书中编纂时间最长的一部。

本书由清朝内阁首辅张廷玉署名，实际编辑是史学家万斯同等人，监修是康熙时期的大臣徐元文。

故宫

宫：古代是房屋、居室的通称，秦汉以后才特别指帝王的宫殿。

游客到了北京，一般会选择参观故宫、颐和园、八达岭长城，而故宫是多数人的首选。

故宫位于北京市的中心。它的前身是明清两朝的皇宫，那时的名字是紫禁城，于1420年由明成祖朱棣建成，先后有24个皇帝在这里居住过。在古代，皇宫属于禁地，一般人是不能进的。

故宫是中国现存规模最大的古代建筑群之一，里面盖有九千九百九十九间半房子。这是一个什么概念呢？这样说吧，你如果想体验一把当皇帝的滋味，你从8岁开始住进来，每天晚上住一间房子，到了35岁才能把这些房子住一遍。

明清故宫分外朝和内廷两大部分。外朝是皇帝上朝的地方，以中轴线的太和殿（俗称金銮殿）、中和殿、保和殿为中心，两侧有文华殿、武英殿。内廷是皇家居住区，中轴线上有后三宫：乾清宫是皇帝的住所，交泰殿是皇后接受朝贺的地方，坤宁宫是皇后的住所；东西两侧各有三宫，是妃嫔的住所；后面五所并排的院落，是皇子居住的地方。乾清宫西面的慈宁宫，是皇太后的住所。内廷北面是一个很大的御花园，供皇帝和后妃游玩。

故宫四面各有一道门，分别是南午门、东华门、西华门、玄武门（清代改为神武门）。故宫南北狭长的前庭有天安门、端门、午门。宫墙外有52米宽的护城河。

整个故宫格局严谨、雄伟壮丽，极富帝王气象，是世界文化遗产。

国宝小档案

名　　称	白玉盘龙纽“大清受命之宝”
所属年代	清朝崇德年间
所属博物馆	故宫博物院
出土地点	非出土文物，为皇家制作之宝玺
文物综述	白玉盘龙纽“大清受命之宝”，白玉质，盘龙纽方形玺，汉文篆书满文本字。面14厘米见方，通高12厘米，纽高8.2厘米。位列乾隆钦定二十五宝之首，其材质洁白温润，盘龙纽线条简洁流畅，技艺纯熟，显示出清前期玉石雕刻的水平。包括“大清受命之宝”在内的二十五枚御玺是清代皇权与国家政权的象征，涉及到国家重大事务的谕旨都需要加盖御玺。